有料更有趣的朝代史

战国 1
变法图强

君玉离 萧十二 编著

浙江工商大学出版社
ZHEJIANG GONGSHANG UNIVERSITY PRESS
·杭州·

图书在版编目（CIP）数据

战国 / 君玉离，萧十二编著. —杭州：浙江工商大学出版社，2022.9（2024.1 重印）
（有料更有趣的朝代史 / 胡岳雷主编）
ISBN 978-7-5178-4838-7

Ⅰ.①战… Ⅱ.①君…②萧… Ⅲ.①中国历史—战国时代—通俗读物 Ⅳ.① K231.09

中国版本图书馆 CIP 数据核字（2022）第 022894 号

战 国
ZHAN GUO

君玉离　萧十二　编著

责任编辑	王　耀　张晶晶
责任校对	何小玲
封面设计	吕丽梅
责任印制	包建辉
出版发行	浙江工商大学出版社 （杭州市教工路 198 号　邮政编码 310012） （E-mail: zjgsupress@163.com） （网址: http://www.zjgsupress.com） 电话: 0571-88904980，88831806（传真）
排　　版	北京东方视点数据技术有限公司
印　　刷	唐山富达印务有限公司
开　　本	787mm×1092mm　1/32
印　　张	28
字　　数	576 千
版印次	2022 年 9 月第 1 版　2024 年 1 月第 2 次印刷
书　　号	ISBN 978-7-5178-4838-7
定　　价	198.00 元（全四册）

版权所有　侵权必究
如发现印装质量问题，影响阅读，请和营销与发行中心联系
联系电话　0571-88904970

前　言

"战国"一名取自西汉刘向所编纂的史书《战国策》。自三家分晋之后，历史的车轮便由春秋滚滚驶入战国，开始了一段风起云涌、英雄辈出的时代，形成了乱中求变、变中带乱的大格局。

经过春秋时期旷日持久的征战，周朝诸侯国的数量大为减少，公元前453年，韩、赵、魏三家分晋，奠定了战国七雄的局面。公元前403年，周威烈王册封三晋为诸侯。公元前386年，田和列为诸侯。至此，齐、楚、秦、燕、赵、魏、韩七雄格局正式形成。商鞅变法，使秦国从激烈的竞争中脱颖而出、强势崛起。公元前221年，秦灭齐，统一六国，战国时代结束，历史进入了统一的秦帝国时代。

战国是中国历史上最具尚武精神的年代，彰显着血性和飞扬的生命力。它遵循丛林法则，却也历经着思想文化的大碰撞。其间，既有列王诸侯的求贤若渴、励志兴邦，也有文臣武将的运筹帷幄、纵横捭阖，更有诸子学说的百花齐放、百家争鸣。涌现出赵武灵王、楚威王、商鞅、鬼谷子、孙膑、庄子等无数智者才人，这一个个真实的人物、一则则生动的故事，共同打造了战国时代这段鲜活的历史。

书写一部历史，是为了与历史中的人物身影交错，携手同游，共经兴衰的波澜，体味人生的豪迈与缺憾。本书在尊重史实的基础上，以史为骨，用诙谐、通俗的语言，描述了战国二百多年的历史演变，生动再现了大国兼并、小国图存的历史面貌，展示了各诸侯国间波诡云谲的权术博弈，为读者展现了一幅波澜壮阔的历史画卷。从人物、事件的细节入手，采用人物与重大事件相结合的方式，清晰呈现了战国历史的完整轮廓。不仅有系统性的介绍，还有故事性的解读，读完即可捋清各诸侯国间的混乱关系，了解复杂事件的来龙去脉。用历史事件来展现人性的复杂和诡秘，透过历史的迷雾，解构历史中的人物，以人性洞察历史，还原历史真相。

这是一部既有趣又靠谱的战国史。这里，将为你打开一个了解战国历史的门扉，让你从群雄激荡的强弱之争中找到智慧的钥匙。

目　录

第一章　晋国内斗，拉开战国的序幕
坚持就是胜利 _ 003

一句话改变命运 _ 007

要当继承人得会脑筋急转弯 _ 010

一杯酒的恩怨 _ 013

你的就是我的，我的还是我的 _ 020

第二章　三家分晋，韩赵魏割据一方
我死得太晚了 _ 025

手肘、脚趾与战争 _ 029

复仇的代价 _ 033

第三章　变法求强，大国初露锋芒
魏文侯的领导智慧 _ 039

李悝变法 _ 044

光脚的不怕穿鞋的 _ 051

妻子头颅换来的帅印 _ 054

刀锋向秦 _ 061

　　魏武卒是怎样炼成的 _ 067

第四章　齐国图治，韩国势弱

　　比老师还严厉的老婆 _ 075

　　儿子煮的羹 _ 079

　　吴起伤不起 _ 082

　　齐国怎么了 _ 091

　　骗人的理由 _ 096

　　天上掉下要命的馅饼 _ 101

　　出来混，早晚要还的 _ 107

第五章　魏齐相争，魏国颓势渐露

　　危险的师兄 _ 115

　　赛马场上的机会 _ 122

　　围魏救赵 _ 126

　　一棵树的预言 _ 129

　　孟子的失败面试 _ 133

第六章　秦孝公求贤与商鞅变法

　　公子连返乡记 _ 139

　　重整河山 _ 146

　　"劳苦功高"的法家 _ 152

　　两千年前的"真人秀" _ 156

　　太子犯法，老师顶罪 _ 159

　　第二次变法 _ 163

第七章　商君陨落，变法余威仍在

　　战败就得搬家 _ 169
　　儒家与法家的对话 _ 173
　　成功的改革，失败的改革家 _ 177
　　柳下惠的弟弟 _ 181

第八章　百花齐放，百家争鸣

　　无心无为，率性而活 _ 187
　　鼓盆而歌，庄子通达的生死观 _ 191
　　浮生一梦逍遥游 _ 195
　　辩论家惠子 _ 199
　　墨子的草根情结 _ 203
　　侠之大者，义行天下 _ 207
　　白马到底是不是马 _ 211

第一章

晋国内斗,拉开战国的序幕

坚持就是胜利

山西又被人称为"晋",因为这里在春秋时曾为大国晋国的主要领土,是春秋五霸之一晋文公重耳的故乡。然而随着"私门"的壮大,晋君也如同周天子一般,被手下依托家族势力的几个大夫架空,地位江河日下。

最初,晋国内部有六股势力,分别为智氏、韩氏、赵氏、魏氏、范氏、中行氏。六家将晋君排挤得只能缩手缩脚度日,然而由于各自膨胀,边界相抵、摩擦不断,他们之间的矛盾也越发激烈。后来,智、韩、赵、魏四家合力将范氏、中行氏击垮,并瓜分其土地。其中,以智氏家族最为强大。

然而既然历史留下的是"三家分晋"的言说,并非"四家分晋",所以智、韩、赵、魏四家必去其一。照理说,弱肉强食,从历史上"抹去"的应该是韩、赵、魏三家中的一家。若是这样,那么强者益强、弱者益弱,依着"自然法则",最后的结果不应该是"三家分晋",而是"智氏篡晋"。但最终被人从地图上抹去的却是最强大的"智氏"。

要打倒智氏这个最强者并非简单的事。因为,即使知道强者会打破势力的均衡,最终会将"局中"的所有人都吃掉,但仍会有些人愿意在强者麾下听令,做他的副手,为之清除"吞灭自己"路上的障碍。弱者的互通款曲和集结联合需要时间,也需要成本;强者会利用这个"时间差",威逼利诱,将之各个击破。

所以,面临强者切身威胁的弱者通常只有两个选择:第一个是成为其手中的棋子,虽然最后鸟尽弓藏,但总归是推迟了败亡的时间,而且这个过程中或许会有意外的转机;第二个就是立刻败亡。因为有了这个中的奥妙,所以韩、赵、魏灭"智氏"的过程,可以说是峰回路转、惊心动魄。韩、魏两家扮演了棋子的角色,赵氏成了执棋人。而智氏是一个强大却不认真的对弈者,因为后者屡犯大错,给了赵、魏、韩不可多得的机会,最终自取灭亡。

关于三家分晋,还需细细描摹,由赵谈起。

赵氏原本并不姓赵,而姓嬴,与秦人是同一个祖先,"赵"是其氏。嬴姓人原属东夷,西迁后为殷、周两朝天子赶车牧马,渐渐安定下来。

嬴姓子孙中有一个叫造父的,曾侍奉周穆王。造父善于养马,不断向周穆王献上宝马,深得穆王的宠幸和信任,所以穆王特许造父为他赶车。徐偃王叛乱时,周穆王乘坐造父驱赶的马车,日行千里,迅速平定叛乱。论功行赏时,穆王将赵地分封给造父，于是造父以赵为氏。

赵氏传到赵鞅这一代，枝叶繁衍，家族鼎盛。赵鞅更做了晋国的正卿，权倾天下，史书说他"名为晋卿，实专晋权"。

然而，水满则溢，月满则亏。危机正潜伏在前路不远处等待着赵氏一族。赵家的根基是晋阳城。赵鞅费尽心思气力修成晋阳城后，发现城内行人稀少，空荡荡的。这样一座空城如果遇到围攻，当然不足以凭借据守。于是赵氏族长赵鞅向住在邯郸的族人赵午伸臂摊掌，向他要自己打败卫国时赚取的五百户人质。

按说赵午身为赵氏族人，应该听从族长赵鞅的命令，可是赵午也有自己的难处。因为若失掉手上这五百户卫国人质，暴露在卫国人嘴边的邯郸城极可能遭受到毁灭性的打击。权衡之下，赵午决定攻打齐国，想从齐国那里俘虏五百户人口，将之转赠给赵鞅。

然而，赵午的想法未免太简单了。齐国地广千里，资源丰富，又得海利，富庶甲于天下，自桓公得管仲辅佐称霸以来，一直以超级大国的形象立于天下诸侯国之林，号称"强齐"。攻打齐国，无论是正面进攻，还是背后偷袭，都不是那么容易得手的。况且，就算侥幸得手，愤怒的齐国人也必然不肯咽下这口恶气，最后的结果必然是晋、齐两国兵戎相见，引发国家间的征战。

得知此事的赵鞅大为光火，一怒之下派人将赵午诛杀，没想到就此引发一场政治风波。

赵午一族家住邯郸，与赵鞅那一脉嫡系说远不远说近不近，但却与范氏和中行氏素有姻亲往来。在范氏和中行氏的支持下,赵午的儿子赵稷起兵发难,矢志为父报仇。

本来,晋国国君是站在赵鞅这一边的,无奈说话是要实力做支撑的,他的声音太过微弱了,微弱到可以忽略不计。手持刀兵的范氏、中行氏不过用眼狠狠斜了晋君几下,他就迅速将赵鞅定为始祸者,而按照晋律,始祸者只有一个下场,那就是死。

双拳难敌四手,在范氏和中行氏的合力围攻下,赵鞅很快不敌,退守到晋阳城。倾注了赵鞅心血的晋阳城,经受住了考验,在纷飞的矢石和流血的浸泡之下,在尸体的包围中屹立一年而不倒。

城外的范氏和中行氏正承受着久攻不下的焦急和等待中的无聊,没想到这时变数突显。智、韩、魏三家看"火候"差不多了,急急上场。

二比三,"人数上"已经处于劣势,况且一年下来,范氏和中行氏的"内囊却也尽上来了",外加赵氏自城内冲出反攻,战场上的范、中行联军于是兵败如山倒,身死名灭,其土地也迅速为四家瓜分。

奇怪的是,智、韩、魏三家并没有进而消灭赵氏并瓜分其土地,很可能是惧于晋阳城的威慑,而晋阳也不会就此甘于沉寂,它会在未来续写辉煌和传奇。

一句话改变命运

虽然留得青山,但经此一役,赵氏一族实力大减,再无主宰晋国的威势,其地位由智氏取而代之。

事实上,早在范氏、中行氏"作乱"之前,赵鞅就已经开始头痛了。赵鞅年纪一大把,已经是半只脚踏进棺材的人了,然而他封立的继承人、嫡长子伯鲁却是个不成器的家伙。

"将来的天下波谲云诡,充满变数,伯鲁能够应付那些环于四周、吃人不吐骨头的对手,保卫我赵氏一族,并将其发扬光大吗?"赵鞅看看伯鲁憨厚的面容,心里暗叹一声。

也许是为继承人的事日夜忧愁,赵鞅竟然病了,而且一病就是五天五夜不省人事。无人主事之下,赵地的大小事务陷入混乱无序的状态,于是身边众人请来了神医扁鹊。

众人等了半晌,才见扁鹊施施然从卧房里走出来。赵鞅最信任的宠臣董安于趋步上前询问病情,扁鹊拈须笑道:"家主血脉畅和，呼吸平稳，你们何必担心？"果然不久，赵鞅便醒了过来，并告诉董安于等人说，"我这几天之所以长睡不醒，是因为一直在天帝那里接受教导；天帝还将一个小孩和一只翟犬托付给我，说：'等你的孩子长大成人，就让这只翟犬跟在他的身旁。'"董安于等人面面相觑，不知道如何是好，但此事实在太过蹊跷，于是将家主赵鞅的话记录下来。

后来一天，赵鞅外出巡游。一人拦在半路，口口声声说要面见主君，赵鞅的随从拔刀相胁也不能叫他退开，于是通报赵鞅。赵鞅一见此人，便觉在梦中见过，那时此人正立于天帝身边。赵鞅问："天帝托付的小孩是什么人？"那人说："这个小孩就是您的儿子，而代国以翟犬为祖先，所以您的儿子将来必定攻取代国。"赵鞅心下大喜：我的儿子是天帝选中的人，赵家后继有人了！于是问这人的姓名，想要封他官职，把他留在身边。却听这人说道："我一个乡下鄙人，到此不过为了传达天帝的旨意。"言罢便不见了踪影。赵鞅因此越发惊奇，而把这个被天帝选中的儿子找出来的心情也越发急迫了。于是请来著名的相士姑布子卿，希望凭借他神乎其技的相术找出"承天景命"的继承人。

有的人讽刺说，相术根本毫无依据，不过是相士为了骗取吃喝的自说自话、胡言乱语。当然，相术虽然不是科学，却有其依托，它是一种经验性的东西，是人们通过对生活的观察得到的一种判断手段。而很多相士其实都是骗子，并没有什么心得本事，不过是走江湖、混口饭吃。但这位姑布子卿却不一样，他大名鼎鼎，为各国公卿所推重，必然身怀惊人艺业。

满怀希望的赵鞅将儿子们全部招来，将他们引荐给姑布子卿。谁知姑布子卿扫视一圈，淡淡说道："这些都不是足以继承将军事业的材料。"赵鞅一下子矮了下去，再不能像刚才那样挺坐了，他的脑袋也垂了下来，喃喃自语道："赵家后继无人，要断送在我手里吗？"这时姑布子卿的声音又在他耳畔响起："将军的儿子到齐了吗？方才我在路上看见一个少年，周围簇拥着一众仆从，他也是您的儿子吧？"赵鞅心里又燃起一丝希望。于是命手下人将那个儿子找来，这个人就是赵无恤。

无恤一到，姑布子卿拱手相迎，叹道："此乃真将军也！"赵鞅疑惑："无恤是翟族婢女所生，出身卑贱，怎么说得上尊贵？"姑布子卿答道："他是天帝所选，虽是庶子，终将显贵。"赵鞅这才想起天帝托梦、翟犬相赠之事，心下恍然。但无恤毕竟是庶子，且有外族血脉，此前姑布子卿为诸子相面时，赵鞅并没有招无恤前来，就知他在赵家没有什么地位，甚至赵鞅可能从未将他当作自己的儿子。所以贸然废除伯鲁而立无恤为嗣，就算赵鞅能转过这个弯来，必定遭到家中众人的反对。不过，从现在起，无恤在赵鞅心中的地位已经发生了翻天覆地的变化。

要当继承人得会脑筋急转弯

光凭一个梦和姑布子卿的一句话,不足以叫赵鞅贸然行废立大事。宦海沉浮一生,兴衰荣辱,赵鞅已经看得太多,各色人等也一一在他眼皮底下走过。他需要用自己的方法来考察一下赵无恤,看他是否是自己理想的接班人。

要做将来的族长,首先就要以身作则,遵守祖训。赵鞅于是将祖训刻写在两片竹简上,将其分别交给现任太子伯鲁和庶子无恤,叮嘱他们认真体悟,按时习诵,并说明届时会以祖训规条考校二人。然而一年过去了,两年过去了,赵鞅似乎将此事忘了个一干二净,伯鲁刚开始那颗悬着的心也渐渐放了下来。可是到了第三年的一天,赵鞅突然把两人找来,要他们背出祖训的内容。伯鲁顿时急得满头大汗,就算他当年确实背下来,如今过去这么久,怎么还能记得?伯鲁转头看向无恤,却见他面无表情,一副信心十足的样子,心一下子就沉了下去。果然,无恤从容地将祖训背了出来,一字不错。无恤背完,右手在左袖里一抹,将当初那片竹简抽了出来。竹简的颜色已经深了,隐隐可以看出无恤日夜摩挲掌抚的痕迹。而伯鲁的那片竹简早就不知在何时让他给扔在何处了。

赵鞅脸上满是笑意,对着无恤连说了两声"好",又转头看向一脸尴尬的伯鲁,心里暗叹,却没有再说什么。不过相信伯鲁心里也知道,自此以后,自己的继承人位置更加不稳了。他是个忠厚之人,对这些本不在乎,若真有一天能够卸去家族重担,说不定会唱个小曲庆祝一番。

得到赵鞅的赞赏,无恤虽仍是那副宠辱不惊的模样,但心里着实有些欢喜,他等待这一天等得太久了。由于母亲是翟族的婢女,自无恤在这个家族出生以来,就一直像尘埃一样活着,没有人多看他一眼。间或有例外,也都是向他投以鄙夷的眼色。然而这个"幽灵"一样的旁观者早就在别人的漠视中悄悄地将这个家族的里里外外看个通透,他需要一个机会来证实自己的存在,他要抖去身上的泥土,放出生命本色的万道金光。

考校祖训只算是一个小小的测试。又有一次,赵鞅告诉他的儿子们,说自己将一道宝符藏在常山之中,谁能第一个把宝符找到,就重重有赏。那时赵鞅已是须发斑白,而儿子们也都老大不小,所以这不是一次游戏,而是另一场挑选继承人的考验。大家心里对这一点都十分清楚,于是一个个心急火燎地跑进常山四处搜寻,既兴奋又紧张。只有无恤仍是那副胸有成竹、闲庭信步的气概。

日暮时分，公子们一个个垂头丧气地回来了，他们什么也没找到。这时无恤站了出来，朗声道："我已找到宝符！"赵鞅看向他，满眼惊喜："说说看！"无恤嘴角逸出一丝笑意："常山之下就是代国，我们从山上秘径出发，居高临下，可一举将代国拿下！"赵鞅这才知道姑布子卿慧眼独具，无恤果然不是池中之物，而他要攻取代国，岂非印证了解梦人之所说？赵家上下无人不对无恤表示钦服。于是赵鞅废除伯鲁的太子位，改立无恤。

在成为赵氏大家长的道路上，无恤虽然赢得了族人的支持，但却尚未能摆脱外人强力的干涉，这个外人就是后世称其为智伯的智瑶。

一杯酒的恩怨

智氏之所以一跃而成为晋国的第一强族,是因为此前消灭范氏、中行氏的时候,智氏将两家的土地全部占了。那个时候,智瑶已经做了智氏一族的当家人。

无恤是赵家的庶子,继承赵家基业存在诸多阻力。智瑶却是智氏的嫡子,因此在继承人的竞争中处于非常有利的位置,另一位候选人智宵对他的威胁相当有限。

智氏上一任的族长是智瑶的父亲智申,他早就倾向要立智瑶为嗣。不过智宵虽然没有什么立功表现的机会,也没有姑布子卿这样的高人相助,但却不代表他的背后没有支持者。他的叔父——当然也是智瑶的叔父——智果一直站在他这一边。

于是当智申在家族会议上宣布立智瑶为继承人的时候,智果当即表示反对:"智宵要比智瑶好得多,应该改立智宵。"智申给人当面顶撞,皱眉不悦道:"智宵一副凶恶面相,实在不宜做家主。"

智果续道:"世事有虚有实,有真有假,不能光凭表象做判断。智宵面相凶恶,但智瑶是毒在心中。智瑶长须美髯,力能扛鼎,骑马驭车,出类拔萃,而且思路快捷,谈吐不俗,勇毅有恒,这都是他的优点。可是他心胸太过狭窄,睚眦必报。别人若是碰了他一下,他就要断人手足。如此凶狠残暴,叫人心凉,又如何能够服众,如何能够保我智氏一族的平安兴旺?德乃才之帅,智瑶之德不足以驾驭其才,若立他为嗣,必给我智氏招来灭族大祸!"

平心而论,智果所说非常在理。后世君王虽多是刀头舔血、残忍好杀、刻薄寡恩之辈,然而时代不同,不能一概论之。春秋末期,各国变法尚未正式展开,所以各国之体制仍采取分封制,一国之君并无绝对权威,要与下属贵族——如大夫、士阶层——合力治理国家。所以后世君王可以凭借着手中的大权,以无限制的暴力弹压维持一个相对安稳的政局,而在春秋末期,这种手段则行不通。智瑶睚眦必报,一味强势,不知妥协与合作,确实很容易造成众人离心,引来大祸。

不过,此时的智申主意已定,他召开家族会议,不过是宣布这个消息,并没有与大家商量的意思。所以智果说完,他连反驳的话也不说,直接为智瑶行了继嗣大礼。刚烈的智果一气之下,拂袖离开会场,又回家收拾行李,带着妻子儿女就此离开智氏,跑到掌管祭祀的晋国太史那里,表示要脱离智氏,改为辅氏,另立宗庙。伤心的智果大概有着超人的敏感,他似乎已经在泪眼模糊中看到了智氏将来的败亡。

孙武处在春秋末期,那时正发生着我国古代一次重要的军事变革。早先那种"列阵而战,战之以礼"的传统战法逐渐为人所摒弃。孙武所著的《孙子兵法》的核心思想就是为了在战场上取胜可以不择手段,所谓"兵以诈立",也就是后世所说的"兵不厌诈"。

比孙武晚生了八九十年的智瑶,更将"兵不厌诈"发挥得淋漓尽致。

智瑶接替赵鞅成为晋国第一执政后,吴王夫差遣赤市出使晋国,向智瑶表示祝贺。赤市完成任务,返回吴国的时候,智瑶一改往日之贪鄙,坚持以豪华巨舟送赤市回国。赤市心下奇怪,不知智瑶用意何在,仔细观察才发现,巨舟之上藏着无数着甲荷戟的兵士,智瑶竟准备在巨舟经过卫国时,给卫国致命一击。

原来送人是假,袭击卫国是真。可是这招也太过损人利己了,当卫国为智瑶执政的晋国吞并时,天下之人都会认为赤市收受了智瑶的贿赂,所以才与他沆瀣一气,为他袭击卫国打掩护。这种招人唾沫的事,赤市才不干呢。于是他假托生病,在晋国住了下来,叫智瑶只能好吃好喝地伺候着,而袭击卫国的计划也在无形中流产了。毕竟,兴兵乃关乎国家生死之大事,且天下局势瞬息万变,不是任何时候都有合适的出兵机会。

仇犹国是中山的属国,智瑶对其土地垂涎已久。无奈晋国、仇犹国之间的道路太过狭窄，且崎岖难行，所以当时战场上最重要的作战工具——战车根本开不过去。

智瑶对着那条挡住了他前行步伐的小路昼思夜想，终于叫他想出一个办法。他叫人铸了一口大钟。钟的直径正好等同于战车的宽度。钟铸好后，他将其送给仇犹国的国君，叫他派人来取。心思简单的仇犹国君于是命令军队拓路开山。然而，当他满心欢喜地把那口工艺精美、钟声悠扬的大钟迎回来的时候，惊奇地发现后面跟着晋国的雄师。

"当！当！当！"仇犹的亡国之音就这样在天地间无情地回响起来。

从这两件事可以看出，智瑶确有才干。他是《孙子兵法》里所说的那种"善攻者"，"动于九天之上"，水银泻地，无所不用其极，所以连吴国使者向他庆贺一事都可以拿来做掩护而攻打卫国，而当目标瞄准了仇犹国时，又能铸造大钟叫对手自掘坟墓，其思想的灵活性实非一般人所能及。

然而，上天是公平的，他在某方面给你以优势和特权，就必要在另一方面削弱你。所以天才几乎都是"偏才"，正如智果所说，智瑶心胸狭窄，难成大器。

公元前468年，晋国第一执政智瑶会同各家出兵，一起讨伐郑国。那时赵鞅已经老了，而且正在生病，所以代表赵氏、率领赵兵出征的是太子无恤。

历来有"郑声淫"的说法，一个整天载歌载舞、饮酒赋诗的国家怎能抵挡住长期作战的虎狼晋军？于是没费多少工夫，晋人就打到了郑国的都城之下。一般来说，春秋战国时期的战争都是从"野"，也就是各国的边境打起，而攻城往往是战争的最后阶段。

由于那时人口稀少，又边界不清，所以在"野"打起来的战争往往迅速结束，并不太过惨烈，而攻城就不是那么一回事了。对于城里的人来说，如果城破，往往面临着男人被俘、女人被侮的危险，所以他们都会拼力死守。一般城里会储存一定量的粮食，加之那时城墙修筑得十分高大结实，所以守城者居高临下，占尽了地利人和，往往占据主动权。

反过来对攻城者来说，在守城者物质匮乏、失去战斗力之前，己方必然会死伤大量士兵。攻城，是以命搏命，而且往往是用自己人的十条命去博取敌人的一条命，等于送自己人给敌人去杀，以此消耗他们的物资和战斗力！

如果指挥统一，晋国攻打郑国时就不会出什么问题。问题就出在晋军是几家民族的联军。所以攻城这种吃力不讨好的事，几家势力互相推诿，谁也不肯吃这个亏。智瑶自然不会做这个出头的椽子，于是向赵无恤递眼色，要他率领赵家军前去攻城。无恤心想："你不肯吃亏，难道我便是傻瓜吗？"于是，无恤沉默，没有理会智瑶。智瑶心中有气，但现在正是打仗的关键时候，也不好在军前发作。

但由于彼此都各自打着自己的小算盘，所以这次攻城最终不了了之。但是，晋国联军毕竟虏获了郑国大量的资财和人口，可算是打了一个大大的胜仗，于是要设酒宴表示庆祝。

酒宴之上，坐在主席的智瑶兴致很高，狂饮不止，终于显出醉态。他伸手指向无恤，轻蔑地说："你这家伙容貌丑陋，胆子又小，太招人厌，真不知赵老将军怎么挑选你继承家主之位？莫非赵家无人了吗？"无恤与智瑶对视，毫不相让，说道："家父挑中了我，是因为我能隐忍！"

智瑶狂笑："忍给我看！"说罢甩脱手中酒杯，直向无恤脸上掷来。无恤就坐在智瑶旁边的一席，这么短的距离根本来不及躲闪，额头给酒杯砸个正着。鲜血流过无恤的眼睛，顺着脸颊淌了下来。赵家众家臣看不下去，纷纷拔剑要杀智瑶。智氏家臣也一个个拔刀相向，气氛立时如箭在弦，一触即发。

智瑶冷冷看向无恤，等着他的反应。无恤这时从怀里抽出一片帛，将脸上的血拭去，转身对众家臣说："给我退下！"语气中有种不容置疑的味道。众人只得收剑回鞘，退回原来的地方站好，智氏众人见此也只好纷纷归位。

看着无恤拿着帛布稳稳扶着额头的样子，看着他毫无表情的脸，智瑶心里没来由地一紧。但这种感觉转瞬即逝，他也就没有放在心上。

回到赵家后，众人问无恤为何不让他们出手，为他雪耻报仇。无恤说："小不忍则乱大谋，家父之所以选我为继承人，就是因为我能够忍辱负重。把眼光放长远一点吧，我们现在不是智氏的对手。"当然，在无恤心里，智瑶与他已是你死我活之局。

闹过酒后的智瑶还曾向赵鞅建议，让他把无恤给废了。赵鞅费尽心思，千挑万选才把这个宝贝儿子选出来，当然不会听他的话。不过这事最终让无恤给知道了，无恤也因此更加仇视智瑶。

不久赵鞅病故，无恤成为赵氏家主。

你的就是我的,我的还是我的

俗话说,一力降十会。当绝对力量足以压倒对手的时候,就不需要拐弯抹角,搞些偷偷摸摸的小手段了,所以强者的信条永远是这六个字:"简单、直接、有效。"

智瑶是强者,也是这个信条的信徒,所以当他垂涎韩、赵、魏三家的土地时,直截了当地伸出手来,笑嘻嘻地跟人家说:"拿来!"

第一个遭到智瑶勒索的是韩氏,当时韩氏的家主是韩康子。史书关于韩康子的记述少之又少,所以他是个什么样的人没有办法清晰地描绘出来。不过可以肯定的是,相对于以硬碰硬的赵无恤,韩康子是个易于屈服的"贵柔"之人。

来自智瑶的最后通牒就摆在桌子上,韩康子对此一筹莫展,不住叹息。把地交出去吧,自己舍不得。谁能保证这是智瑶的最后一次索要?可是如果断然拒绝,说不定这头老虎马上就要把自己吞掉，真是进退维谷，愁煞人也！

韩康子手下有个叫段规的谋士这时站出来为他分忧，段规对韩康子说："以实力论，我们万万不是智氏的对手，而以智瑶的贪暴性格，若不答应他的无理要求，恐怕会立即加兵于我韩氏，而剩下两家见有机可图，很可能趁乱出兵，瓜分我韩氏的土地。如此一来我们腹背受敌，后果堪忧，所以不妨先应允智瑶的要求。照我看智瑶不会就此止步的，他肯定会接着向魏、赵两家索要土地，我们不妨因势利导、静观其变。"

韩康子听段规说得有理，于是"痛快"地将土地割给了智瑶。

正如段规所言，获得土地的智瑶并不满足。所谓食髓知味，一次成功足以诱发第二次尝试，更何况这"尝试"原本就在智瑶的计划之中呢！于是智瑶肥腻的大手又伸到了魏氏家主魏桓子的面前。魏桓子和家臣任章又重复了韩康子和段规的"演算"，于是也"有荣与焉"地献出土地。

而当智瑶的手摊在无恤的面前，无恤给韩康子和魏桓子上了一课：这个世界上，不是只有妥协和屈服，更有奋发和抗争！

"想要我'皋狼'之地，真是无耻极了！凭什么？我偏偏不叫你如愿！"无恤心里火冒三丈，脸上仍是那副波澜不惊的表情。

被无恤拒绝后，智瑶只有立刻发兵，将赵氏击垮打服，否则他前面向韩、魏两家索要的土地一下子就变得可疑起来。如果只是口头吓唬吓唬，人家为什么要拿出土地呢？韩康子、魏桓子并不是傻瓜，他们也会问一句："凭什么！"

　　无恤对这一切早有预料，也摆开了死战到底的架势。不过让他大跌眼镜的是，在他与智瑶的斗争中，韩康子、魏桓子这两个被智瑶欺负的"受害者"竟然再次站到了智瑶的一边！其实，韩康子、魏桓子虽然愚蠢，但他们也有自己的逻辑。在智、赵两家的大对决中，他们显然更加看好实力绝对占优的智氏。所以这才与智瑶达成协议，组成三家联军，希望能够在灭掉赵氏后三分其地，壮大自己。

　　韩、魏两家的如意算盘打得响吗？

第二章
三家分晋，韩赵魏割据一方

鬼谷子

孙膑

我死得太晚了

面对三家联军的滔天气焰,勇敢果决的赵无恤亦只有暂且退避。他能退到哪儿呢?无恤想起了父亲赵鞅临死前的嘱托:若有事可退守晋阳!

赵鞅之所以如此看重晋阳,是有道理的。

董安于是赵氏的家臣,最得赵鞅倚重。晋阳向来是赵氏一族的根本,赵鞅当然不敢疏忽,所以当他挑选修筑晋阳城的工程负责人的时候,就选中了董安于。董安于的先祖就是大名鼎鼎的"古之良史"董狐。

董安于主持修筑的晋阳城十分特别,他在修筑晋阳宫城时,都是用炼化金属铜来作为宫殿的支柱,而宫殿里主体部分,都是砍伐山上的荆木搭建而成。这在当时确乎是一个创举,因为这样建城,花费的成本太高,且容易遭受"奢侈"的讥讽和批评。人们会说,宫殿是用来住人的,你为之耗费如此物力财力,有必要吗?

不过,董安于如此作为却并非多此一举。首先,若赵氏后人退守晋阳城,又遭敌军围城,那么矢尽弹绝的时候,赵家军就可以拆除铜柱,炼化之而铸造箭头。而宫殿主体的荆木因为非常坚实,"虽劲竹不能过也",所以又是制作箭杆的好材料。

可是,董安于却没能看着他一手规划的晋阳城修筑完毕。他的智谋实在太过厉害,屡屡为赵鞅出谋划策,助赵氏摆脱危难,所以被有心吞并三家、独霸晋国的智瑶视为眼中钉、肉中刺,必欲除之而后快。智瑶屡次向赵鞅施压,要他处决董安于,不过都被赵鞅给顶了回去。直到赵午违背赵鞅的命令,赵鞅在董安于的建议下将其诛杀,引发了范氏、中行氏之乱,这才给智瑶抓住机会。智瑶将董安于定为始乱祸首,而这时经过经年战争,赵氏已经元气大伤,赵鞅再也顶不住来自智瑶的压力,但董安于与他感情深厚,且为他赵家立下汗马功劳,要他杀死董安于,他是无论如何也下不去手的,于是左右为难、日夜忧虑。

这时,董安于再次挽救了赵家,他的方式就是牺牲自己的性命。传说他临死时慨言道:"唯有我死,赵氏才可以获得安宁,晋国才可以获得安宁,我死得太晚了!"其忠勇刚烈真叫人感叹。

董安于虽死,晋阳城却要修下去。在撒手尘寰之前,他向赵鞅推荐了下属尹铎。赵鞅十分信任董安于,于是任命尹铎为晋阳城主管。尹铎并非一个因循之人,而是有着强烈的全局观。他问赵鞅:"晋阳最终要建成什么样子呢?是要它成为一个以生产为主、提供粮食赋税的都邑,还是把它建成一个危急时用来保命、可供守卫的城池？"赵鞅心想董安于果然没有看错人，于是欣然答道："我要把晋阳城修建得固若金汤，让它成为这广袤大地上的一个坐标，一个丰碑，屹立万世而不倒！"尹铎有了计较，开始不计代价，放手修城。

然而时间一天天过去了，钱粮如同流水一样花了出去，而尹铎的晋阳城建好之日却遥遥无期。这时赵鞅派人告诉尹铎，要他拆去永远也建不完的围墙，而这些围墙在五十年前董安于就开始着手修建。尹铎对赵鞅的命令置之不理，仍是盯着那个"固若金汤"的终极目标，一步步稳稳地走下去。这种不服从命令的行为自然激怒了赵鞅，为怒气所裹挟的赵鞅甚至想将尹铎杀死。这时众大夫开始劝说赵鞅："生于忧患，而死于安乐。尹铎时刻保持警惕，曾说：'思乐而善，思忧而惧，人之道也。'他加高城墙是为了防患于未然，是为了赵氏尽忠，还望将军三思而后行。"赵鞅恍然大悟，不仅不再责怪尹铎，反而嘉其忠勇。得到肯定的尹铎进一步减免赋税，将四方之人都吸引到了晋阳城。由于尹铎爱惜民力，晋阳城的居民都对赵氏感恩戴德，他们生怕晋阳城忽然易主，那么以前的幸福生活就要随之而付诸流水、一去不返。

占尽了地利人和的晋阳城如今已经摆开了架势，就等着智瑶前来决一死战。

果然，面对智瑶的多次强势进攻，晋阳城依然铜墙铁壁地矗立在那里，城墙上随风飘舞的赵家军旗鲜艳招展，在智瑶看来恰恰如同蔑视的嘲笑。

不过，"善攻"的智瑶很快就找出了对付晋阳城的办法：引汾水灌城。

这对守在城中的赵家军来说是十分不利的,无恤等人所凭借的无非就是晋阳城,凭着它城墙的坚固和众志成城的民心,以此来大规模地歼灭敌人的有生力量,直到将敌人的锐气和战斗力消耗殆尽,让他们自动撤退。

可是现在这些计划都落空了,无恤他们成了被动的一方,而智瑶却不再焦急,因为除了按月供给的军粮,他不再需要支出任何花费,不需要再牺牲将士的性命,他要做的,就是支起华盖,坐在下面抚琴喝酒,顺便欣赏不时出现在城头的无恤那副惶惶如世界末日的落魄相。

无恤现在确实很落魄,汾水灌进城里后,将城里的一切都搅得变了样。遭逢水灾的晋阳居民只能将铁锅提到半空中烧火做饭,因为原本的灶台早已被浸在水中。城内居民的脸上不再洋溢着幸福生活的欢笑,他们眼睛里尽是对未来的疑惧和担忧,晋阳城人人自危!

更为要命的是,除了一个高共仍然行礼如仪,无恤发现赵家的家臣们都对他侧目以对,仿佛他已经不是赵家的主人!

"城堡都是从内部给人攻破的。"无恤开始考虑投降议和,但他手下最重要的谋士张孟谈却劝他莫要灰心:"或许仍有转机呢?"

无恤问:"你有什么计划吗?"

孟谈说:"且放我出城去,看看能否策反韩、魏两家。"

事到如今,无恤也别无他法,只好死马当活马医。在张孟谈出城之后,无恤每天都到城头巡视,盼望他归来的身影。

手肘、脚趾与战争

就在无恤为变坏的形势辗转难眠之际,智瑶却每天都是一片阳光灿烂的好心情。这天,他将韩康子和魏桓子叫到身边,又带着二人一起来到汾河,看着波涛滚滚的河水,智瑶心中大快。

这时智瑶发出一句感慨:"吾乃今知水可以亡人国也!"抚着自己的美髯,一阵得意。

不过听到这句话的韩康子和魏桓子心里一阵抽搐,因为他们两家的都城同样面临着被人灌水的危险。于是《资治通鉴》写下这样"意味深长"的两句:"桓子肘康子,康子履桓子之趾。"

韩康子和魏桓子这样的小动作当然不会叫智瑶看见,因为两人都站在智瑶身后,而那位实力最强的霸主正陶醉在自己的完美计策中!

随在三人身后的智氏家臣絺疵却看出些门道,于是在返回自家营帐时对智瑶说:"韩、魏两家必反!"

智瑶则问："你是怎么知道的？"

"所谓唇亡齿寒，如今眼看胜利在握，我们就要三分赵家土地，可是韩康子、魏桓子二人面上毫无喜色，反而满是忧愁。这不是谋反的征兆是什么？"絺疵言之凿凿。

让絺疵想不到的是，肤浅的智瑶竟然在第二天召见韩、魏两家的时候，将他的话原原本本地转述给两人，问道："你们当真要反吗？"智瑶此举实在算不上高明，如果两家并无二心，当然会矢口否认，这样贸贸然、赤裸裸的怀疑反而要无端生出三家之间的嫌隙；反过来，若韩、魏两家真的要反，难道还会当面向他承认吗？

果然，听了智瑶质问的韩、魏两人如遭雷击，一齐摇头大呼，哪有此事？智瑶满意地笑了，仿佛真的信了两人的话，于是将两人送走了。絺疵听说此事，愣在当场，不过他很快就明白了自己的处境：这场战争的最后胜利者一定不会是智瑶，自己如果继续在他手下做事，定会跟着他做一个亡族灭家的奴隶；即使智瑶将赵无恤打败，自己在这个过程中扮演的不过是一个离间智、韩、魏三家的小人，以后也无法再在晋国立足。于是他借着出使齐国的机会离开智瑶，再也没有回去。

而回到营帐的韩康子和魏桓子两人却继续纠结，一时仍拿不定主意。碰巧这时张孟谈来到他们这里，单刀直入地将话挑明："我这次冒死而来，是希望能够劝说两位将军离开智瑶，与我家将军合兵一处将之击溃，然后三分其地，共同主宰晋国！"韩、魏两人互相看看，都不说话。

"二位将军难道还不明白？以智瑶之贪鄙，晋阳城破之日就是你韩魏两家走向灭亡之时，满城妇孺的哭号就是你韩魏两家的挽歌！"这句话正好道出了韩、魏二人连日来的忧虑，权衡之下二人毅然决定加入赵氏阵营。

但事情不会这么简单，其中又生波折。波折来自于改姓辅氏的原智氏族人辅果。他虽脱离智氏，但毕竟身上流着智氏的血，于是赶来帮助智瑶。无巧不成书，出城游说韩魏两家的张孟谈被辅果发现了。辅果当然没有认出张孟谈，甚至他可能根本就不知道张孟谈长什么模样，他只是发觉在韩魏两家营中走动的那个人衣着怪异，不时东张西望，神色慌张，一看就知道有什么阴谋。于是辅果赶到智瑶那里，说韩魏两家有心谋反。

也许是因为前面已经被缔疵折腾得烦了，辅果的警告在智瑶那里竟然没起到任何效果。不耐烦的智瑶挥手叫辅果告退，但执着的辅果不退反进，进一步要求收买韩魏两家的手下，以求真相。

这时倔强的智瑶肝火大动，指着辅果大骂起来。辅果这才知道无论自己如何劝说都不会有什么用了，于是学着缔疵，出营回家去了。

没过多久，与无恤约定好了的韩康子派人杀了智氏守在水坝上的军士，又将其掘开，于是浩浩荡荡的汾水就转而灌进智氏的大营，将智家军冲个七零八落，尚在梦中的智瑶就这样一命归西了。

看着眼前堆积如山、给大水泡得肿胀的智家军尸体，无恤一定也会生出"人生无常"的感叹。谁能料想到就在他要放弃的一刹那,胜利的天平会突然发生如此大的逆转呢?无恤性子本来坚韧,经此一役,他的雄心和野心越发激昂。

韩、赵、魏三家瓜分智氏土地自不必说,可说的倒是无恤在战后的封赏。厥功至伟的张孟谈并未被无恤列为第一功臣,反而平平无奇但始终任劳任怨的高共成为无恤手下的第一人。也许,是无恤想起了那些担惊受怕的日日夜夜,只有这个忠厚老实的人才是自己真正的依靠吧。

习惯上,三家分晋一直被当作是战国的开端,这台轰轰烈烈的大戏正预示着一个伟大时代的到来!

复仇的代价

豫让，姬姓，毕氏，其先祖为晋国大侠毕阳，其骨子里流的就是侠客慷慨悲歌、昂然赴死的热血。豫让最初追随范氏和中行氏，但不得重用，后来转而投奔智氏，得到智瑶的赏识，智瑶以国士礼遇之。

韩、赵、魏三家翦除智氏之后，无恤为除后患，将智氏满门杀个鸡犬不留，更将智瑶的头颅做成酒器，每逢宴会便拿出来斟酒豪饮。豫让无奈之下，只得逃往深山，日思夜想地要为智瑶报仇。

"士为知己者死，女为悦己者容。我流落天涯，只有智瑶看重我，赏识我，如今他身已死，可头颅却被人当作玩物一样耍弄，如何能在地下安息？我定要杀了赵无恤为他报仇，那么即使最后失败而死，也算对得起他，在地下相见之时也可以无悔无愧了！"

换了是其他人,遭此大变,大概早就为自己打算,想着如何走下一步了。然而豫让这一类人却不是这样,在他们心中,自己不是最重要的,有些原则和信条要远远高于自己,为了这些原则和信条,他们什么都可以牺牲,哪怕是自己的生命!

于是豫让乔装打扮,改名换姓,又伪装成受过刑的罪人,来到无恤府上整修茅厕。豫让认为赵府太大了,他可能尚未找到无恤时,就已经给人逮住了,所以他不如在茅厕对无恤来个"守株待兔"。

但历史的发展时常具有戏剧性。这天豫让怀揣尖刀,藏在茅厕里,正等着无恤前来送死。没想到无恤刚刚走到茅厕外边,忽然没来由地一阵心悸,于是想到可能有人要加害他,就派人将茅厕彻底搜查一遍。豫让自然没法逃脱,双手捆缚背后,给人提到无恤面前。他怀里的尖刀也被人搜出,扔在地上。

一番审问后,无恤已经知道豫让的身份,看着他不禁踌躇起来,好半天沉吟不语。豫让这时吼道:"我要为主人报仇!"

手下人个个手按刀柄,只待无恤一声令下,就让豫让身首异处。其中更有人将刀抽了出来,情势一触即发。这时无恤叹道:"智瑶死后并无后人,而豫让一个区区外人竟然要为他复仇,这是天下少有的贤士,我实在不忍加害,将他放了吧。"手下人还待争辩,却看无恤闭眼挥手,只得照着做了。

按说,豫让已经将自己的想法付诸行动,就算没能将无恤杀死,也该放下仇恨了。哪知此人意志坚决,不达目的决不罢休。然而经过这一次不成功的刺杀,无恤已经有了防备,豫让再来刺杀恐怕就较以前更难了。他已经成为赵府卫兵的提防对象，若想再次接近无恤，就要让这些人都认不出自己来。豫让选择了自残，他将漆涂在自己身上，而漆未干时是有毒的，于是豫让身上满是肿烂伤口，如同长了脓疮。如此一来，豫让已经是面目全非了。他又怕别人从声音上将自己辨认出来，于是吞下火炭，活活将自己的嗓子烫伤烫哑。这还不够，他又伪装成乞丐，走到自家门前行乞，看看守在家中的妻子能否认出他来。结果妻子只是可怜他，以一碗粗饭将他打发了。

豫让欣喜若狂，以为这世上再无一人可以将自己认出来，于是高高兴兴地去准备第二次刺杀。谁知正走在街上，耳边突然传来一声熟悉的声音："豫让！"侧头一看，正是他多年的老友。也许一个人的外貌可以改变，声音也可以改变，但举手投足之间，多年来的习惯和举止还是会将其身份泄露。豫让在假扮乞丐的时候，因为时时刻刻都要注意到乞丐应有的举止，所以没在理应最熟悉他的妻子那里露出破绽。然而这次志得意满地走在大街上，忘记掩饰，于是一下子叫朋友给认了出来。

老友走到他身前，拉着他的衣袖上下打量一番，流泪道："你这是何苦呢？"

"墙倒众人推，鼓破万人捶。如今整个天下都在唾弃智瑶，说他如何贪鄙，如何骄狂，或许这是事实。然则，智瑶对我确是礼贤下士，我不管世人如何说他，也不管自己是否会因此身败名裂，总而言之就是要为他报仇！"豫让依旧意志坚决。

老友泪痕未干："虽然如此，以你的才能足可令赵无恤奉为上宾，亲近您，宠爱您，到时候刺杀的机会不是随时都有，又何必如此自残？"

豫让挺直了身子，正色道："若我侍奉赵氏，自然可得高官厚禄，也自然可以轻而易举地将无恤刺死。然而为报旧主之仇而谋害新主，这是大丈夫所为吗？我知道，像我如今这个做法，复仇之路定然更加艰难崎岖，更加痛苦不堪，但我就是要以此来羞愧天下间所有对君主怀有二心的小人，让他们知道人间仍有忠义在！"豫让转身，头也不回地走了。老友看着他的背影就那么消失在街角，呆立当场，久久怅然若失，终于也转身回家了。

其实，豫让所言涉及了一个非常重要的伦理问题，那就是我们可不可以为了一个高尚的目的而不择手段。功利主义者说，如果结果相同，那么过程自然可以忽略不计，而且如果不是无所不用其极，那么所谓高尚的目的可能根本无法达成。但是另有一种不同的声音说，如果过程都是恶的，我们怎能指望有一个最终的善的结果？正如每一步都向南，那么最终怎能抵达北方的目的地？

相对于功利主义者所言，后一种声音显然更有说服力，但是现实生活中，人们往往选择功利主义作为自己行动的指南。因为从经济学上讲，每一步都要求绝对的正义的话，其成本和代价之高，往往叫人无法承受。所以很多人都是双重人格，他们做了思想的巨人，但却成了行动的矮子。

豫让或许不够高大，但他实践的每一步都是经过自己的严格自律，他以实际行动告诉了世人什么才叫作顶天立地！

第三章

变法求强,大国初露锋芒

魏文侯的领导智慧

在古代专制政治之下,一个国家是盛是衰,是兴是亡,与这个国家的君主有非常大的关系。因为他是整个政治机器运转的中心,一切都是围绕着他来进行。他的意志达于这个国家的每一个行政末梢,甚至他的私生活都因为他的权力的辐射而对整个国家产生重大的影响。所以法王路易十四说"朕即国家",这句话原是不错的。

在晋阳之战后,智氏被消灭,其地被瓜分,晋国顿成韩、赵、魏三国鼎立之势。这时最强大的是赵国,然而第一个跃上舞台发出强光,成为战国时期超级大国的却非赵国,而是原本并不起眼的魏国。这一切都是因为当时魏国的国君魏文侯。

魏文侯,名斯,是魏桓子的孙子。欲成大事所需要的第一个品质不是勤奋,而是对局势的判断和整体的把握。如此才能从整个天下大局中推导出自己可进可退的路径,可为不可为的领域,然后再调整目标，另做计较。大的方针定了下来，然后才谈得上如何去实行，以及在此过程中如何随机应变，挺过难关。魏文侯无疑是一个有大局观的人，在韩、赵两家仍在思考如何从晋国领土获得尽可能多的好处的时候，他的深邃的目光已经超越了小小的晋国，而扫视天下了。

整个晋国的局势是赵国在北，魏国在西南，而韩国偏于东南。晋国左临黄河，右偎太行，虽说地势险要，易守难攻，但北临戎狄，且为群雄包围，可拓展的空间不大。且当时天下大乱，各国命途均成逆水行舟、不进则退之势，所以如何保存自家国土、自家宗庙，光耀自家门楣就成了韩、赵、魏三家主人的共同心病。

韩、赵两家的想法是先在晋国内部壮大自己的实力，然后再向外扩展。于是韩武子派人来游说魏文侯，想要联合魏一起进攻强大的赵国，以此来化解北方的威胁。可是魏文侯却不这样想，且不说北方的赵国是抗击戎狄的一道屏障，单是赵国那强大的实力就足以抵挡韩、魏两家的联合军力。到时候战争一定陷入胶着状态，且这种状态一定会长时间地持续下去，最终的结果无非是"三败俱伤"，如此岂非要给三晋周边虎视眈眈的外人以一个天大的机会吗？于是魏文侯拒绝了韩武子的建议，韩武子从此开始看不起魏文侯，把他当作了一个贪生怕死、毫无气魄的胆怯小人。

魏文侯刚刚拒绝了韩武子的联军抗赵的建议，就迎来了赵家的使者。原来消息走漏，这件事被赵献侯知道了。赵献侯以为，魏文侯既然拒绝了韩武子，那么就一定会站在自己这一边，于是派使者建议说，不如我们赵、魏两家合兵一处，将韩国灭了，然后平分其土地，将军以为如何？使者言辞恳切，魏文侯听了却哈哈大笑。所谓唇亡齿寒，赵国如此强大，只有魏、韩联合起来才能够勉强与之相抗，互保彼此宗庙香火不灭。如果他贪图一时的便宜，妄图联合赵国而打击韩国，这就如同猎狗为主人捕尽山里的兔子，最后没有食物来源的主人只好宰了猎狗来充饥，所谓"狡兔死，走狗烹"，此乃千古不易之道理，于是赵国使者最终也带着未能完成使命的惶恐心态回去了。赵献侯听了使者的复命，自然恨得咬牙切齿。

不过，魏文侯天生就是一个领导的材料。所谓"天生的领导材料"，就是说这人参与任何事，都必然有着非凡的热情，对此事也抱着独特的想法，不仅如此，他还总是想要说服每一个参与者，让他们认同他的想法，与之合力一处，将事情按照自己的想法办成。魏文侯不光是"有所不为"，他还"有所必为"。他向韩、赵两家发出照会，共同协商三晋未来的发展道路。

魏文侯打开天窗说亮话，先将拒绝韩、赵两家的理由说出来。韩武子和赵献侯虽然听得心里不是滋味，但还是不住点头，为魏文侯口中的道理折服。魏文侯接着说出了自己对三晋和天下形势的判断，指出三晋易为地势所扼之实情，并以此立论，提出三晋必须停止内斗、和平共存的主张。他说，非如此，我们就要永远困于此地，日渐削弱，最后沦为时代的弃儿，为别国吞并，到那时即使后悔亦没有一个可供我等哭泣的地方。韩武子和赵献侯都为魏文侯说动了，但三家存在着千丝万缕、错综复杂的关系，到底怎么个和平共存，怎么个协同发展，始终未能达成共识。好在大的原则，即和平的局面已经在此次会谈中确定，如此魏文侯可以放开手脚，做自己想做的事了。

魏文侯到底如何打算且不说，但一个人的力量毕竟有限，所以无论做什么事，若有个帮手总是事半功倍，更何况是魏文侯这样的君主的宏天大计呢？可是，有的人天生就能团结人才，天生就能使之为自己效死力，如刘邦；而有的人却总是将人赶跑，以才资敌，最后落得孤家寡人，凄凉败亡，如项羽。那么魏文侯到底是刘邦还是项羽呢？

在伐灭中山国之后，功成圆满的魏国君臣摆酒宴以庆祝此次胜利。志得意满，魏文侯环视诸位家臣，问道："像我这样的君主，诸位怎么评价？"

"仁君！"魏氏家臣异口同声，一起举杯向文侯敬酒。文侯听得哈哈大笑，正要一饮而尽的时候，却听见一个硬邦邦的刺耳声音说道："君上打了胜仗，却没有将中山分封给劳苦功高的弟弟，反而把它封给了寸功未立的儿子，这哪里称得上是仁君？"说这话的是魏氏家臣任座。听闻此话，魏文侯十分气愤。任座也发现了这一点，暗觉不妙，于是小跑着出了帐。魏文侯转过头去问翟璜："依你看，我是否称得上仁君？"翟璜是文侯的谋士，素来得他的倚重。他这时已看出魏文侯正在气头上，而任座实在是很危险，自己一个答得不好，就要害人害己。于是不卑不亢道："当然是仁君！"

"哦？"文侯给他引起了兴致，"这话怎么讲？"翟璜拱手道出一句千古名言："臣闻君仁则臣直，向者任座之言直，臣以是知之。"翻译过来就是："我听说君主仁慈则臣子正直。刚才任座句句直言相谏，我就是以此知道您是仁君。"魏文侯听后转怒为喜，于是让翟璜出帐将任座请回来，又亲自离席相迎，把他捧为上宾。

由此可看出魏文侯心胸之宽广。人非圣贤，孰能无过？但最重要的是能够悬崖勒马，及时改过。自古以来，君主偏听偏信、亲近小人的多，而亲近君子、直言纳谏的少，因为很少有人有唐太宗李世民那样真正的自信，他们的自信都是建立在别人的吹捧阿谀之上。魏文侯恰恰有这个自信，自信自己能够克服一切困难，达成自己光耀魏氏的宏愿！

如此胸怀，自会成就一番霸业！

李悝变法

有了魏文侯这样贤明的君主，还需有一批出谋划策、决胜千里的能臣。这些能臣多数来自西河之地，且多数都是孔门贤哲卜子夏的弟子。

通常说起儒家，提起儒士，人们总会想起那些峨冠博带、满口礼义的书生，这其实是一种误解。且看孔子自己向弟子传授知识时，也不是一味地强调繁缛的礼义，而是常常向弟子授以经世致用之学问。子夏一脉传承了孔子这方面的学问，培养了许多经世致用的人才。李悝、吴起、段木干等人都是其中的佼佼者。

子夏是当时孔门二代弟子里唯一一个在世的大儒，为了增强文化的感召力，魏文侯将年近百岁的卜子夏请到了西河之地，拜之为帝师，一时天下震惊。且说西河，地近秦国，秦人自来便与戎狄通婚，风俗野蛮，被中原诸国视为蛮夷，然则正因为文化落后，因此对中原文化更加向往。所以魏文侯选址西河作为子夏讲课授学之地，乃是有着从文化上慑服秦人的巧妙打算。其高瞻远瞩、心思细密确叫人拍案。

子夏年事已高，且新逢丧子之痛，哭瞎双眼。所以真正在西河授课的乃是他的两名弟子，齐人公羊高和鲁人谷梁赤。此二人就是《公羊春秋》和《谷梁春秋》的作者。《春秋》传说为孔子删减编订的史书，公羊高和谷梁赤为《春秋》做解释，学问流传下来，就成为《公羊春秋》和《谷梁春秋》。当然，另有更为著名的《左氏春秋》也是三脉《春秋》中的一脉。不过，若论政治影响力，则无疑当推举《公羊春秋》为最高。因为这派学人最擅长评论政治、臧否人事，最关注现实政治生活，也最多改革、变法的主张——不过正如法家等先秦诸家一样，其改革与变法都是打着"复古"的旗帜进行的。

经过多年的培育，西河已经出了一大批的人才，而西河学府背后的魏国朝廷，自然成了他们首选的效忠之地。大概魏文侯看到朝堂下志得意满，亟待发挥才华、成就梦想的济济人才，也会有唐太宗那种"天下英雄，入吾彀中矣"的骄傲和兴奋。但是所有人才中，魏文侯最看重的是那个为他奠定争霸实力基础的李克。

按着白寿彝和黎东方两位史学大匠的说法，李克就是大名鼎鼎的李悝，也就是战国变法的第一人。一般来说，大都把李悝归入法家，人们或许会奇怪，李悝本是子夏的弟子，而子夏是儒门七十二贤之一，怎么会调教出一个法家传人呢？其实这并不奇怪。因为孔子是周礼的坚决拥护者，他一直想恢复周礼，从而使天下恢复到从前"周天子为尊,诸侯为拱"的治平局面。然则,法出于礼,二者向来并称,孔子的思想中也并非没有法治的因素。比方说,他有句名言,"道之以政,齐之以刑,民免而无耻。"这就是说,孔子也看到了严刑峻法的效力,但他更看重仁和礼,所以觉得"齐之以刑"的做法未免有些过火,因为这会让老百姓"免而无耻"。另,孔子做了鲁国大司寇后,首先就诛杀了他认为是"人之奸雄"的少正卯,可见他并非一个一些人头脑中想象的永远慈眉善目的儒者,他也是懂得刑法的手段的。

但李悝之所以成了战国时期的变法第一人,固然是因为他受到子夏传下来的孔子刑法思想的熏染,同时也是因为三晋之地风云变幻、战火频仍,逼得李悝不得不走上这一条变法之路。众人皆知,不论是他的前辈、春秋时期的法家第一人管仲,还是他的后来者,使野蛮落后的秦国一跃而成为天下霸主的商鞅,他们的主张都是富国强兵,而这都是因为生存带来的压力。

在魏文侯的支持下,新任职的丞相李悝在魏国开始了轰轰烈烈的变法改革。法家的"道"与儒家不同,儒家讲究"王道",法家讲究"霸道"。所谓霸道,就是富国强兵——先富国,后强兵,只有富国才能强兵。那么,该如何"富国"呢?这个"富"字不在于钱多——钱不过是一种交换媒介,一种社会信用的凭证,古人所谓"金石珠玉,饥不能食,寒不能衣",说得深刻而透彻。如果片面地以为金钱就是财富,那么只需不断地铸币就好了,不过这样很可能会引发通货膨胀,因为市场上没有与所铸货币相当的实体商品。所以社会财富其实就是商品。

那么,哪种商品最重要呢?是粮食。所以李悝变法的第一条政策就是"尽地力之教"。所谓"尽地力之教"有两层意思,一层是进一步打破"普天之下,莫非王土"的土地国有制,鼓励开荒,且将一部分耕地转给农民,以期调动其积极性、增加粮食生产,而只向其收取其收成的十分之一作为政府课税。另一层意思则如同其字面,即鼓励区别对待不同土质的土地,在上面种上不同的作物,以此来保证最终收益的最大化。这在今天已是尽人皆知的常识,然而在当时确乎是一种创新的提法。果然,按着李悝的预想,在推行了此项政策的几年里,魏国不论旱涝,都能有一个大致不错的收成,而魏国各地府库里的粮食也越堆越高。

然而,社会经济是一个有机的整体,并不是粮食越多,整个社会经济的运行状况就会越好。粮食多了,还须得通过商人的往来搬运、调剂余缺,如此才能满足人们的不同需要。李悝对此早有见识,但他需要在农、商两大部门的交流互补中找到一个平衡点。这个平衡点就是一个合理的粮食价格。因为李悝发现,如果粮食太贵,就会伤害商人做生意的积极性;反之,如果粮食在市场上卖得太贱,那么农民肯定也不愿意种粮食,他们会想别的出路,比方说,学商人去做生意,如此一来,作为富国之本的农业肯定要遭受巨大的打击。

所以,为了稳定物价,李悝又颁布了变法的第二条政策:"平籴。""籴"字拆开来是上"入"下"米",可见"籴"最初也就是买米的意思,后来引申为"买入"。所谓"平籴"也就是稳定物价,当然,最主要的就是米价。稳定物价一般有两种手段,一种是行政手段，也就是说靠权力的硬性规定来稳定物价。不过，这种手段虽然在短期内可奏奇效，然而从长远看来对市场稳定并无益处。这是一种笨办法，或者说是解救燃眉之急时不得不采用的临时对策。李悝身为魏国相，当然要为魏国"计深远"，所以他采用了第二种手段：经济手段。所谓经济手段，就是靠着调剂市场上各类商品的供给（那时商品经济之运行远远不如今日发达，所以暂时还谈不到通过货币手段来调整市场）来平衡物价。如何调剂商品供给呢？李悝手上能够动用的，自然就是官家府库里收上来的那些粮食布匹和其他财货。他的办法很简单，在丰年以相对低的价格将粮食收上来，储存起来。一旦来年发生灾荒，粮食歉收，那么就可以将这部分储存起来的粮食以低价或免费的方式发放出去。如此一来，粮食的价格就不会出现大起大落的变化，平民百姓的生活得到改善，也就不会出现"河西凶则移之河东"或"河东凶则移之河内"的状况了。百姓生活稳定下来，人口就一定会大量增加，如此一来，魏国自会国富民强。李悝的"平籴"政策取得了巨大的成功。

国库充裕，人口富足不过是争霸的必要条件，而不是充分因素。如果一国经济发展稳定，但人民呈成一盘散沙的状态，就无法组织动员起来。且由于法令不一，社会成员之间彼此就会矛盾冲突不断，这样一国的力量就会多半用来维护国家内部的稳定，又如何谈得上向外争霸呢？军队组织也是如此。最可怕的军队不是后勤充足的军队，而是那种令行禁止、将领驱之如臂使指的军队，是那种每个士兵都能够随着长官命令或进或退，无论所面临的是刀山还是火海的军队。李悝"教育"平头百姓的方式很简单,他不是请来有学问的人开办学堂讲道理,而是采用严刑峻法,让百姓知道什么可为,什么不可为。如此使他们懂得进退之理。

其实,早在李悝任上地郡守的时候,就已经开始他的"法家实验"。上地与秦相接,向来民风彪悍,彼此争斗诉讼甚多。李悝出任郡守后,巧妙地想出了通过比赛射箭,谁射得准谁就是诉讼案的胜者,以此解决陈年累积的诉讼案件。结果人们为了赢得官司,纷纷努力练习射箭。不多时,上地人的射艺有了质的飞跃,此后在对秦作战时用手中的弓和箭叫秦人吃够了苦头。当然,这是由于战国时候都是军事挂帅,且由于上地是边地——那时边地多为侵占而得的土地,故边地多设郡,与内地多设县有很大不同——所以李悝的"射箭决讼"不过是一时的手段。等到他成为魏国相,便开始对整个国家的法律制度做通盘考虑,他思考的结晶就是著名的《法经》。

《法经》由《盗法》《捕法》《囚法》《贼法》《杂律》和《具律》等六部分组成,对各项犯罪及其惩处都做了非常清楚明白的规定。尤其值得注意的是,《法经》里明言,不光是实施行动,即使某人心里有了想要盗窃他人财物的念头,都要对之处以膑刑或刖刑,可见其立法是多么严酷。

《法经》可算是我国古代第一部成文法。后来商鞅变法,为秦国制定律令时即以李悝的《法经》作为参照蓝本。秦灭汉兴,汉法亦承袭秦制,此后历朝法律都是在汉法的基础上有所损益,如此可知《法经》在我国历史上之非常意义。

先秦诸家各项改革倡议，无一不提到选贤任能。所谓"选贤任能"乃是针对周朝的"世卿世禄"的世袭制而言。所以法虽出于礼，但毕竟与礼有别，因为礼的基础即是血缘宗亲。法家反对礼，就是要破除这种凭着血缘上位做官的选官制度。那么，不靠着血缘门第做官，又如何来"选贤任能"呢？"为国之道，食有劳而禄有功，使有能而赏必行、罚必当。"这是李悝给出的答案。

经过李悝从上到下的一系列改革，魏国已经拥有了强悍的实力。这个正在崛起的巨人就要发出震天的吼叫，让全天下都注意到他的存在。

光脚的不怕穿鞋的

田子方，魏国人，是魏文侯的友人，孔子弟子子贡的学生。他以道德学问闻名于诸侯。魏文侯闻其名后，对其甚是敬仰，于是聘他为师，执礼甚恭。

史书对田子方的评价是："其为人也，刚毅果决，傲王侯而轻富贵。"世人都知道，骄傲是要有资本的。田子方的资本就是他的才干，然而这不重要，更重要的是他不在乎。不在乎是否富贵，甚至不在乎自己这条命。魏文侯的太子名为魏击，魏击性子浮夸，爱讲排场，不将别人放在眼里。

有一天，魏击高坐车上，鞍前马后的随从吹打的吹打，举牌的举牌，招摇过市，唬得路人侧立两旁，噤声不语。这时只见人群中有一个人昂然挺胸走来，仿佛这队威风八面的车马并不存在一样。这人就是田子方，他如此惹眼，自然叫卧在车上的魏击给认了出来。魏击想起父亲魏斯（魏文侯）的教导，说："田子方是个圣人，我把他当作老师，你见了他，必须下马行礼，把他当作师公那样看待。"于是魏击翻身下车，准备向田子方行礼。

他身边的随从只见太子魏击恭顺地跪伏在路旁，等着田子方走过来。但田子方好像什么也没看见似的，眼睛盯着天边就走了过去。

看着田子方缓缓走过，魏击呆住了，他怎么也想不到是这么个结果，于是从地上蹿了起来，几个跨步将田子方拦住。魏击喝问道："是富贵之人该对人傲慢呢，还是贫贱之人该对人傲慢呢？"田子方整整了衣冠，淡淡道："当然是贫贱之人对人傲慢了。富贵之人有什么资格呢？诸侯若以骄纵示人，就必然要失去他的封地；大夫若以骄纵示人，就必然要失去他的家。国和家，都是他们的拖累。贫贱之人一无所有，还有什么好怕？其言行不被人理解，其人不招人待见，那么挥挥衣袖，直奔楚、越也就罢了，如同脱掉鞋子。这一点富贵之人比得了吗？"

魏击没有办法，气呼呼转身走了。天下间所有的流浪汉若听了田子方这句话，恐怕都要叹一句"于我心有戚戚焉"吧！是啊，像这种洒脱旷达若云中之龙的人物确不多见。

还有一次，魏文侯与田子方促膝长谈。田子方数次提起溪工，对他称赞不已。魏文侯问道："溪工是何人？难道是您的老师吗？"田子方答道："不，他是我的邻居。不过他谈吐不俗，且总是一针见血，恰当准确，所以我很佩服他。"魏文侯又问："那您的老师是哪位？他比之溪工如何？"田子方正色道："我的老师是东郭顺子，他相貌普通，但内心却合于自然。他和光同尘、顺应天地，但又能保持自己的真情真性。他虚怀若谷，能容万物。若有人做事说话不符天道，那么他就直言将其谬误指出，每一次都能扶正黜恶。说他是至人、圣人亦不为过，我这个做弟子的，实在不知道用什么话来赞美他。"

"世上竟有这样的人吗？"魏文侯怅然若有所失，完全没有注意到田子方已经起身告辞。一天之后，回过神来的魏文侯才对身边人感慨："田子方的老师当真是深不可测，叫人仰望啊。我从前总以为自己修行已够，今天才知道人外有人，山外有山。田子方先生说完他老师的品行，我就像给人钳住嘴巴那样完全讲不出话。看来我以前所学不过是无知妄说，便如破庙中的粗糙的泥塑，简直不值一哂。唉，魏国也不过是我的拖累罢了。若有一天能够追随东郭顺子，日夜聆训，那才真正是我想要的生活啊！"

当然，魏文侯不过是这样想想罢了，否则怎能成就魏国的霸业？不过从这就可以看出文侯本人的不同凡响。如果是一个昏聩的君主，那么他的志趣肯定不过是在声色犬马之上，怎么可能会与田子方这样的高人对坐探讨人生的玄理和奥妙呢？又怎么会对东郭顺子这样无权无势又无名的高人心向往之呢？

大概是因为得罪了未来的国君魏击，田子方最终并没有在魏国留下来，他去了齐国，做了齐国丞相。结果如何呢？"齐国大治"。

妻子头颅换来的帅印

魏国有了李悝这样的良相,还需有吴起这样的良将。李悝与吴起一同师从子夏,于是将这个小师弟推荐给魏文侯。

《吴子》是吴起所著的传世兵书,向来与《孙子》十三篇并称于世,而后人提到孙武和吴起,也一直将两人并称为"孙吴",可见吴起的军事才华和他在后人眼中的地位。

"臣请论六国之俗,夫齐阵重而不坚,秦阵散而自斗,楚阵整而不久,燕阵守而不走,三晋阵治而不用。"

这段话出自《吴子·料敌》,是讲各国军队特点的,大致符合当时的历史事实。古时交通和通信都不发达。吴起能够准确地说出各国军队的概况和性格(军队是有性格和灵魂的),这足以说明其见闻之广博。事实上,吴起自少时起便开始四处游学,生足迹遍布大江南北,从某种程度上来说,可算是一个先秦的"徐霞客"了。

那时交通工具极其不便,吴起凭着自己的一双腿不辞辛劳,走遍天下,因为他心中怀揣着"立于朝堂之上,出将入相,激荡时代大潮"的梦想。他要将这美梦变为现实,于是走出家门,走到天涯海角去寻觅。

吴起生来是个富家子弟,家里富有千金。而奋斗起来,富家子弟较之贫苦少年更有捷径可走。这捷径就是钱。吴起出门奔走,只为求得一官半职,然后大展宏图。结果家财散尽,仍未寻得仕途的门径,于是不得不灰溜溜地回到家中,第一次追梦宣告失败。其实这也没什么,谁能保证自己一辈子就没有失手过一回呢?有位哲人曾说:"若你非要有了绝对把握才去做事,那么最终定然要一事无成——因为世界上根本没有绝对把握这回事!"这话说得振聋发聩,不过有些人仍会为着自己的"安全"像缩头乌龟一样躲在自己的壳里不出来,不光不出来,还要极尽挖苦之能事,对敢于打破常规、追求自己梦想的人加以冷嘲热讽。吴起的乡里就有许多是这种牙尖嘴利的缩头乌龟。

一些关于吴起的难听的话渐渐传开了,吴起自然不可能听不到。家里的老母听了这些也整日地闷闷不乐。本来仕途不顺,家财散尽已然够叫人难受的了,谁承想回来后还要忍受这些风言风语。刚开始时,吴起并未理会,也没有为自己争辩。但那些人依旧不肯罢休,且风凉话越说越多。于是吴起有了计较。他抽出随身兵器,在一夜之间一口气连着斩杀了三十多个无聊的长舌之人。兵器不光砍在这些死者的身上,事实上也砍在所有其他乡人的心里,所以怕惹祸上身的他们再也不敢多言了。

吴起在这几十人的重重围困之中，突然发威，抽出宝剑，将这群宵小砍瓜切菜一般杀个落花流水……现实世界中根本没有这样的武林高手，真实场景也许是这样：吴起听得很烦，于是决定杀人止谤；杀谁呢？吴起在心里想了想那些在桥头树下对他指指点点的人，于是走出家门，一家家走访过去，一刀刀砍杀下去。可能是因为吴起学过击剑之术，而且行动迅速，所以在整个过程中并没有人能够阻止他，使得他得以顺利"完成任务"。

仔细想来，这的确叫人胆寒。胆寒的不是因为吴起杀了三十多人，而是他杀人之前谋划之冷静和杀人过程中执行之坚决。这人定然是个拿人命不当一回事的冷酷之人，否则怎会如此冷血？不过，我们也可以在此过程中看出他的将才。兵圣孙武虽将"仁"列为挑选将领的一个重要标准，不过这个"仁"说的乃是对自己人，对自己手下的士兵要仁慈，非如此不能令士卒效死命，对待敌人则不妨无所不用其极而加以打击迫害。所谓"一将功成万骨枯"，有哪个功成名就的将军不是杀人无数，在身经百战的过程中练就了一副不恤人命的铁石心肠？因为在战场上，除了胜利，为将者必须将其他事置之度外。吴起成功地叫所有人都闭上了嘴，然而，满手鲜血的他在家乡无论如何也待不下去了，于是连夜告别老母，再次跨出家门。

"我吴起若不能位列卿相，就决不回卫国！"吴起跪在母亲面前，赌咒发誓，说罢一口咬向自己的胳膊，鲜血顺着手臂滴到地上。做母亲的最知道自己儿子的倔强脾气，于是也不做声，只是默默地看着他。等到他背着包袱的身影渐渐模糊，才叹息一

孟母教子图 清 康寿

孟子

声,转身关门。

最初,吴起拜曾子为师,向他学习儒术。就在他日夕揣摩学问之际,母亲的死讯传来,惊得他呆住了。吴起心里很想回家看看,可是封将拜相的誓言仍未实现,于是咬了咬牙,继续埋头到书本里去,没有回家给母亲治丧。这就是吴起,他不光能对别人狠下心来,也能对自己下得去手。曾子是孔子弟子中较能发扬儒门忠恕孝道的一个,他本身就是个著名的大孝子,这时知道吴起死了母亲,见他竟然仍像个没事人似的,不禁怒从中来,将吴起逐出师门。

"道不同,不相为谋",吴起没有辩解,他知道这没有任何用处,于是回到住处,收拾行囊,潇洒干脆地离开。

大概已经认识到了自己的长短,吴起知道曾子那一套君子的仁义礼数并不适合他,于是他转而来到鲁国学习兵法。不论是手持利刃地与人短兵相接,还是头脑中幻想着百万大军在战场上风云震怒一般地厮杀,都更能激起吴起体内的热血。"也许这才是我的归宿吧!"吴起自言道。

春秋更替,日月轮换,吴起对于行军布阵、帐内筹算这一套已然了如指掌,他需要的就是一个证明自己的机会。没想到这机会马上就来到眼前。

这年,齐国兴兵攻打鲁国。鲁国原是周公的封地,齐国原是姜太公的封地。齐国沃野千里,又有渔盐之利,再经管仲一番整治规划,日渐强大,而鲁国却渐渐衰落下去。所以齐国打来,鲁国君臣上下都吓得没了主意。吴起却意识到这是自己一飞冲天的良机，于是毛遂自荐，请求拜将，领兵出战。满朝文武噤若寒蝉，这时吴起请战，自然叫鲁君喜出望外。可是这种欢喜并未持续太久，就为疑虑所取代，因为鲁君听说吴起的夫人是齐女，因此怀疑吴起心向着齐国，此次若拜他为将，难免发生临阵倒戈之事。到时候鲁国受到内外夹击，则"国危矣"！鲁君踌躇起来。吴起在家早等得心焦，不知鲁君心里打的什么主意。"难道要眼看着这大好机会白白溜过吗？"吴起皱眉。

后来，不知谁人报信，将鲁君的心事向吴起讲了个清楚明白。吴起于是再次面临抉择：一面是自己多年所求而不得的扬名立万、功成名就的大好机会，为了出人头地，他连母亲死了都没有回家，由此被老师逐出师门；一面是与自己朝夕相对、为自己做饭补衣的妻子，自己一心埋首于兵法和仕途，家里的一切都由她照顾。许多人也许会选择后者，但是，还有另一种人，他们的目光始终看向自己最初的选择，他们也不可避免地受到"命运"的摆布，然而这命运之河不过是他们搭乘的顺风车——他们是准备随时上岸的，为了那个梦想，可以毫无保留地放弃现在手里的东西。吴起就是这种人，所以他自导自演了历史上最冷血、最悲惨的一幕：他杀死了自己的妻子，并将她的头颅割下，献给鲁君，以表明自己对鲁国的忠诚。

用任何语言来评说，不论是赞扬其对梦想矢志不渝，还是咒骂他毫无人性，都似乎显得有些无力，因为这就是实实在在曾经发生的历史。接受了吴起妻子头颅的鲁君马上任命他为大将军，佩印将三军以抗敌。

好像自打稷下学宫开馆授课以来,齐人一下子都变成了好逞口舌之利的眼高手低之徒。这次他们再次犯了这个毛病。他们认为攻打弱小的鲁国是轻而易举之事,而这时新上任的主帅吴起又派来使者,表示要与他们和谈。初听到对方使者请愿和谈时有所疑虑,但不久他们的疑虑就打消了,因为他们看到鲁国军队出来巡营者皆是老弱病残,一个个仿佛要被风吹跑的样子。看到这些不堪一击的兵卒,齐人彻底放下心来,于是将注意力都集中到了己方随军带来的酒肉上。然而,就在他们狂吃滥饮到月上中天之际,突然被帐外的震天杀声惊醒,掀开帐幕,但见刺痛醉眼的遍地烽火,而鲁国大军正从己方大营的两翼杀来,其行动之迅速有若雷霆,其横扫之干净有如飓风,这哪里是一支老弱病残组织起来的乌合之众,这分明是一支剽悍勇猛的虎狼之军!齐人这才知道,他们已经中了吴起的计。

原来,这一切是在吴起上任掌印之前就已经算计好了的。他当然知道,无论从国力上,还是从军队训练上,鲁军都没法与齐军相提并论,若在战场上列阵正面厮杀,保管不要一个回合,鲁军就要落个全军覆没的惨败,所以万万不可轻易出兵。《孙子兵法》有云:"凡战者,以正合,以奇胜。"从现在保存下来的《吴子兵书》来看,吴起受孙子影响之深是显而易见的。所以要取得胜利,就不能刀对刀、枪对枪地硬着来,而要出其不意掩其不备地背后下手。要做到这一点,就必须示之以弱、麻痹对手的斗志,于是吴起派出求和的使者,又挑选营中老弱组成巡防军,就差没打出白旗向齐军求饶了。骄狂的齐军喝下吴起敬来的一杯又一杯的迷魂酒，自然就做了这酒下之鬼了。

非常之人必成非常之事，吴起第一次出手，就大败齐军，赢了个满堂彩。然而，吴起的辉煌就照出了别人的黯淡，他的功劳就照出了别人的无能。于是谗言向鲁君飘来："吴起这人，猜忌而又残忍……"将吴起生平干过的"坏事"娓娓道来，又说："他连母亲死了都不顾，又亲手杀了自己的妻子，这样狼心狗肺的人，心中只有自己，会向任何人效忠吗？我国与卫国本有手足之谊，吴起在卫国老家杀人，我们却赐他帅印，重而用之，岂非为了一个吴起，抛却整个卫国吗？再者，在此乱世之中，我国本是一个小国，如今却打败了不可一世的齐国，岂非暗夜放光，引来诸侯注意垂涎？"这样分析起来，就算吴起的功劳再大，也别想在鲁国待下去了。当他孤零零一个人离开鲁国时，不知会否想起那些与妻子一起生活的点点滴滴。

刀锋向秦

其实在晋国之前，还有一个诸侯国也在历史的一声叹息中，悄然谢幕。这个国家就是姜氏齐国。战国时期引起一个国家灭亡的原因往往是诸侯国中的权贵凭借自己的地位威胁主上的权力，名正言顺地取而代之，被取代的国家便就此灭亡，齐国和晋国其实都是这种情况。

早在公元前5世纪，齐国政权便落入了田氏贵族手中。经过数十年苦心经营，齐国不负众望，以一个崭新的强大的国家形象屹立在东方。齐国的实力放之天下，谁也不敢小觑，但是齐国君主并不满足于单纯的大国地位，他既要利也要名。

这种趋势在公元前4世纪中叶表现得最为明显。当时传统的中国版图上，只剩下八个重要的诸侯国。楚国的君主早就称王了，而其余诸侯国的君主却依然沿用着公爵或者侯爵的称谓，代表着他们和周王室的附属关系。在理论上，他们都还是周天子的臣子,这种低下的地位让诸侯国的君主们心中很不平衡。特别是像齐国这样的强势国家以及齐主的雄才大略,一个高于诸侯的国君地位是他目前最为迫切的需要。

公元前389年,在三晋的启发下,田和带着装满贿赂物品的大车来到了洛邑,觐见了周王姬骄。田和很顺利地得到了周王姬骄的诏令,册封他为齐国的国君。而齐国原有的国君姜贷的命运,便在这一纸诏令中被注定。整个天下,连周天子都不能挽救他,谁还能够力挽狂澜呢?姜贷的余生是在海边的一座孤独的小城中度过的,或许他是寂寞的,一个末世君主、亡国之人,其结局还能如此,实在是不幸之中的万幸。但是整个战国初期,却是激情飞扬的,十年之后,姜贷死去,姜氏齐国便灭亡了。

此时的齐国末主,并没有开始被放逐之时的那种落寞。或许是他看到了,这一切不仅是因为自己无所作为,更应了整个天下的大势。

齐国的田氏贵族羽翼日渐丰满,取而代之似乎是顺理成章的事情。与齐国不同的是,晋国的分裂很突然。曾几何时,晋国在周王朝封国中面积最大、实力最强,如果要论某一个诸侯国最有资格实现一统天下,必然非晋国莫属。

可就在公元前376年,晋国的最后一位君主姬俱酒被贬为平民,从此远离了尔虞我诈、风云变幻的宫廷内院,也远离了人们的视线。晋国被韩、赵、魏瓜分的剩余物,也就是两座最后的城市,也再一次遭到了三个诸侯国的瓜分。

晋国宣告彻底灭亡。

整个过程干净利落,绝不拖泥带水。天下之大,竟然没有任何一个国家愿意出头,或者在诸侯的心里,作隔岸观火状所获取的利益更大。晋国只要一灭掉,天下便失去了一个可以与之抗衡或者欺压他的国家了。于是乎,晋国如同一片枯叶在激流中沉没,没有引起半点涟漪。

当时天下最高兴的国家非秦国莫属。

在秦国初期,由于东方晋国和楚国的阻拦,秦国的数个统治者都将秦国举国之力用于开发西北部地区。这一地区的人在中原人眼中,都是不可教化的野蛮人,即西戎,后来还进一步发展成了义渠、匈奴。秦国和西戎的斗争都主要集中在军事上面,仿佛一向落后的秦国也认为,对付野蛮人只能用野蛮的方式。只是野蛮人的战斗力却出奇的强悍,甚至还导致了西周的灭亡。在公元前822年,秦国的一位统治者也被戎部落杀死。后来秦国在穆公之后,不断励精图治,终于接连打败戎。

秦国的强大超过了戎的想象,曾经和戎在一个平面上的竞争对手,突然便成长到了让戎仰视的高度。戎也就逐渐淡出了历史舞台,最后一次有史可查的是公元前430年,这是戎部落对秦国的最后一次进攻。经过一百多年的变迁,曾经以游牧为生的戎部落,大多数人开始定居,公元前315年,秦国顺势攻占了戎的二十五座城池——这一部落在生活生产方式上也被秦国同化了。

而秦国在彻底打击了戎部落之后,也将自己的战略重点转向了东方诸夏内部。一场关于战争和阴谋的历史大剧就此上演。

在秦晋之好的政治骗局下,秦国一度丧师失地。甚至连崤山、函谷关等战略要地也被晋国占据,从此,秦国的东大门便被晋国打开,只要晋国愿意,大可以长驱直入,直取秦国都城。

莫说夺取中原霸主地位,甚至连自保都不足,秦国知道函谷关绝对不容许落在他国手中,哪怕付出再大的代价,秦军也必定要夺回函谷关。

只可惜秦国只知道晋国不好惹,岂料连只有晋国土地面积三分之一的魏国也是强势无比,秦国军队多次攻伐,都被魏国打得无还手之力。尽管秦国的军士意志坚定、攻伐果决,奈何整体实力比不上魏国军队。于是,秦国只能退而求其次,缩回头去养精蓄锐。

让秦国始料未及的是,魏国比之晋国竟然更加好战。在秦国的东边,本来就不多的肥沃土地,竟然遭到了魏国的不断骚扰和攻伐。眼看着秦国的局势危急,秦军拼死力战,如此使魏国"杀敌一千,自损八百",这样一来形成了一种短暂的平衡。

魏文侯招贤纳士的名声早已传遍天下,于是吴起来到魏国寻梦。

子夏是卫国人,是吴起的老乡。史书上说吴起曾拜子夏为师,这应该是他被曾子逐出师门之后的事。吴起在曾子那里学的肯定是礼仪孝道,那么,他在子夏这里学到些什么呢?从子夏教出的这些学生来看(比方说李悝),他学的很可能是治国强兵之术。

"对于人才,寡人当然是倒履相迎、来之不拒,但不知这个吴起是否怀有真才实学呢?"魏文侯向李悝问道。

"吴起好名利、好女色，为人残忍刻薄，可是若要讲到陈兵列阵、决胜沙场，即使司马穰苴亲临，也未必能从他手底下讨到好处！"李悝一揖到地。

于是文侯召见了曾师承两位儒门大贤，又在鲁国取得辉煌胜利的吴起。

"先生可知寡人心里在想什么，为何要召见你？"文侯问道。

"君上心中所想的，乃是天地日月、地火风雷，乃是山川草木，乃是黎民百姓；君上意欲将百万之众，问鼎于天下！"吴起慨然答道。

"何以见得？"文侯笑了。

"君上之富，放眼天下亦少敌手。然则仍然四处猎兽，剥其皮用以制车做甲；冶炼的炉火终年不熄，二丈四尺的长戟与一丈二尺的短戟早已堆积如山。难道这些车甲兵器都是用来做摆设的吗？"吴起仰头向文侯看去，丝毫不避。

"生我者父母，知我者先生……"魏文侯当下开始问计吴起，求教治国用兵之术。吴起久旱逢雨，于是将胸中所学一股脑地向文侯献出。两人越谈越投机，文侯暗赞李悝果然没有看错人，于是拜吴起为将军，命他训练士卒。

魏文侯深知，如果放任秦国不管，而让魏国军队在外面大摇大摆地东征西讨，秦国很可能在关键时刻给予魏国致命的打击，这是任何人都无法承担的责任之重。

将吴起派遣到与秦交界的西河，首先可以借助吴起的名声来震慑秦国。此时的吴起，可谓无人不知无人不晓。昔日在鲁国时，只是带着两万多老弱残兵便将强大的齐国军队打得丢盔弃甲。秦国军队自然知道吴起的声名，虽然有心夺取函谷关，却一直按兵不动。其次，魏文侯对于吴起，从心底而言是存在着担忧和防范的。所以征战天下的大业，并没有交到吴起的手中。将吴起放在自己的后方，不仅可以人尽其用，而且还能够有效地防范他。

魏文侯如是想，既然有这么两全其美的法子，何乐而不为呢？只可惜吴起并不是一个甘于屈居人后的人。此时的秦国，已然暂时摆明了放弃和魏国交锋，转而投身到轰轰烈烈的西部大兼并的事业中去。有此天赐良机，吴起自然不会坐等秦国壮大。

但是秦国的军力有目共睹，不是可以随便与之开战的。吴起苦思，该如何在不影响天下大势的同时，使得魏国更加强大呢？于是，历史上一支强大的军队出现了，它的出现源于一场浩浩荡荡、恢宏无比的改革。

魏武卒是怎样炼成的

一场改革的兴起,必将源于思想的变迁和整合。而正是在一次次的军事交锋和政治角逐中,吴起逐渐形成了自己独特而深邃的军事理论。

《汉书·艺文志》一书中就集中著录了《吴起》四十八篇,可惜后来佚失,流传至今还剩下《吴子》六篇,即《图国》《治兵》《论将》《料敌》《应变》《励士》,这应该是后人借着吴起的名声而作。当然,其中也继承了吴起大量的谋略和思想,吴起注重国家军事力量的加强,同时还争取国家和军队集团内部的协调与统一,一旦国家出现"四不和",就只能止戈息武。换一个角度说,就是强调一个国家内部要"和"才可以出兵打仗;打仗之前军队内部要"和"才可以出征;出征列阵,每一个环节都要"和"才可以进战;具体到战场之上,军队作战相"和"才可以获胜。也就是通常所说的:"内修文德,外治武备。"

在《吴子兵法》的《国图》篇中也提到，对于士兵而言，如果知道君王能够爱其命、惜其死的话，即使碰到危难，将士也会以进死为荣，以退生为辱。如此，便能够上下一心、众志成城。

孙武在《孙子兵法》中早就提出了"知己知彼，百战不殆"的思想，被后人引为军事上的不朽概论。吴起在其军事思想中，也继承了孙武的思想，并在《料敌》篇中提出，了解和分析敌情，对整个战场敌我双方的优劣进行评估，具有十分重要的战略意义。

在《应变》篇中，吴起根据战场局势千变万化，随时根据实际调整战略部署的思想，论证了如何应对仓促迎敌，敌众我寡、敌人断我后路、敌人凭借险要殊死顽抗甚至是四面楚歌等战场情况。

此时的魏国，虽然表面看起来无比强大，但是在军士的战力和勇力上，比之秦国的老弱残兵尚且有所不如。运筹帷幄之中、决胜千里之外，在吴起的眼中，不过是一句大话、空话。面对战场局势的千变万化，再完美的计划也赶不上变化，一支军队要在战争中取得胜利，完全依靠数量是不行的。相比于数量，其质量更为可贵。一支战无不胜攻无不克的军队，必要有优秀的将领和卓越的士卒，二者相辅相成，严格赏罚和训练，统一号令。

于是，训练魏武卒的思想，便在吴起的心中产生。

吴起认为，要让一个士兵安心地离开家园、离开父母、离开妻子儿女，就必须要免除其后顾之忧，使鳏、寡、孤、独、废、疾者皆有所养、有所依、有所仗，更要让军士齐心、奋勇杀敌。

所以，吴起将魏军帐下的士卒家中的徭役赋税等全部免除，严格标准以选拔魏武卒。

正如一匹劣马无论多么拼死劳力，也不可能日行千里一样，一支素质不合格的军队，无论其士卒多么肯拼命，也无法达到战略目的。所以吴起开始挑选兵士，他要打造一支转战天下而不败的铁军。要想入得吴起的法眼，一个士兵的体力必须过硬，他必须在半日内跑完整整一百里。如果轻装上路，也许很多人都能进入吴起的军队。难就难在参加考试的人必须身着全身铠甲，另外还要背负十二石的弩弓（一石约合今天30千克，十二石就是360千克，不过这只是说弩弓的拉力，而非其重量，否则恐怕无人能够达标）、五十支箭，还要手上持戈、腰上挎剑，携带三日口粮！即使在营养丰富、训练技术已有很大提高的今天，一个士兵要达成这样的任务也不容易，可以想见吴起的标准是多么高，又可见他心中对这支未来的铁军抱着多大的希望。

在如此苛刻的条件下，吴起还是挑选出了一些人。吴起当众宣布："从今日起，你们家里的徭役和田宅租税全部免了！"欢声雷动。但他们也做好了吃苦的准备，因为吴起对他们的要求只会更严格，他们执行的任务也只会更危险。千锤百炼，这支队伍终于可以上战场初试啼声了——这就是战国初期名震列国的魏武卒。

吴起带兵，不辞辛劳，放着可口的美味不吃，空着华丽的帐篷不睡，而是与贫苦的士卒同吃同住。行军时，他留着车马不乘不骑，而他自己的粮食也像普通士兵那样亲身背在身后，兵士们看了，都觉这位将军与别个不同，他是"自己人"。但是，仔细想想就知道，这个杀了自己的妻子来换取为将带兵之权的人，他心中不可能有这么多的温情，所以这都是吴起收买人心的手段。这些手段都见效了。有一次，一个士兵身上长了疮，吴起张开嘴巴，亲自为这位兵士吸脓，清理溃烂的伤口。这个兵士当时感动得热泪直流，而周围看着的兵士也都愿意为吴起以死效力。

但是，这个长疮兵士的母亲听说了这件事反而号啕大哭，以头抢地。旁人不解，就问她："你儿子不过是一个普通士兵，吴将军亲自为他吸脓舔疮，你不觉高兴自豪反而哭哭啼啼，这到底是为什么？"她哭道："你有所不知，他父亲也曾在吴将军麾下做兵士，他也曾生疮流脓，而吴将军也俯身为他吸脓舔疮，于是他作战时就只知有将军号令而不知有自己，一往无前地向前冲，最后战死沙场，连尸首都没有找到。如今将军又为我儿舔疮，我将来要到哪里去收我儿的尸骨呢？"

带着练成不久的魏武卒，吴起出任了西河郡守一职。西河是秦、魏两国交界处，此前两国已经在此打了七八年的拉锯战，双方互有攻守，互有胜负。然而吴起来了，情形一下子得到改观，他不想再与秦人耗下去了，他要的是一劳永逸地解决问题，将西河之地划入魏国的版图，叫秦人永远不能染指。于是他不再纠缠于具体战役的枝节，而是首先布下全面的战略部署。他从少梁出兵，急行军，迅速攻占元里（今陕西澄城南面）、临晋（今陕西大荔东面），又守之以重兵，在这一片建立了永久的堡垒工事。而临晋前面就是秦国重镇栎阳（今陕西西安市阎良区境内），栎阳的正前方就是秦国当时的都城泾阳。对于秦人来说，吴起已经到达了他们的家门口，这叫他们如何不心惊？

就在秦人为自己的生死忧虑纠结之时，吴起又以迅雷不及掩耳之势挥兵直取郑地。如此，吴起已在秦国土地上狠狠划了一刀，刀锋起处在北面的庞繁，收处即是南面的郑地，两地之间以东，秦国只剩下洛阴（今陕西大荔东南）、合阳（今陕西合阳）两个据点，它们当然不久便被吴起轻松收入囊中。至此，整个西河与秦人再无干系，而这距吴起戍守西河之日才不过两年。

失去了西河，也就失去了东进的机会，若不能将之收复，秦国将始终被困在西方贫瘠的土地上，被人视作夷狄而无法翻身。于是不甘心的秦人屡次发动反击，想要夺回西河，但均被吴起坚守击破。

周安王十三年（公元前389年），秦人卷土重来，这次他们集结了五十万的大军向东杀来，最后在魏国重镇阴晋城外列阵布营，情势危急万分。不过，自以为必胜的秦人再次被吴起打了个落花流水，输得非常难看。

原来，吴起不仅始终未曾放松魏武卒的训练，而且为了保持其高昂的斗志和士气，还亲自设计出了一整套的激励机制。每次战胜后，他都请魏文侯在军中举办庆功宴会。这不是简单的庆功宴会，而是分成三六九等，正式如宫廷宴饮。首先，在战场上立了"上功"的兵士给请到第一排就座，他们的桌面上猪、牛、羊三牲俱全，且享用最贵重的金、银、铜等餐具；而立了"中功"的兵士则给安排到第二排，只能吃到猪肉，而且只能用铜餐具；

最可怜的是那些寸功未立的兵士，他们只能坐在最后一排，而其餐具也不过是些陶罐，他们只能坐在别人看也不看或者投以鄙夷眼色的角落里，默默地看着那些立功的人满脸笑容地接受魏文侯的嘉奖，闻着他们觥筹交错之际酒杯激荡震散出来的酒香，这种感觉就好像自己是给人抛弃的孤儿。这还不算，宴会结束后，还在大门外对兵士的家属论功行赏，以嘉奖他们对家人投身行伍的支持，让他们觉得自己的付出都是值得的。

吴起的这种激励办法一直持续了三年。三年之后，只要有敌人来入侵，那么入伍的士兵不待将帅的命令就自发地穿好甲胄，准备好武器，因为他们的心里都憋着一股劲儿——希望自己能在下次的庆功大会上坐到第一排，站在舞台的正中央！这次秦国五十万大军来犯，魏文侯也有些慌了，他问计于吴起。吴起却胸有成竹，他只是将从未在战场上立功的士兵里挑出五万人，准备用他们来对付城外的秦人。

果然，这五万渴求立功的士兵上了战场，就像是饿久了的猛虎突然看到肥肥的羊群，于是个个以一当十，拼力厮杀。士兵作战勇猛，吴起又指挥得当，两个条件加在一起，终于将秦军击溃。阴晋之战也是军事史上少数以少胜多战役中的著名例子。此后，吴起在魏国的战神地位无人可以撼动。

第四章

齐国图治,韩国势弱

比老师还严厉的老婆

所谓"先成家、后立业",这是从"修身、齐家、治国、平天下"的古训里演化出来的。这话是说给男人听的,不是没道理。古时候,男青年初入社会,面临各种诱惑,心藏各种欲望和需求,容易迷失,这时若成个家,就算有了一个根基,不至于心神不定,这就是所谓"成家定性"。然而若不幸娶了个河东狮或败家女,那么此后的大部分时光则肯定是用来苦挨的,又如何游目天下、心怀宇内而成就一番大事?所以人们又说,成功的男人背后都有一个默默付出的伟大女人。乐羊是一个成功的男人,他的夫人就是名列《后汉书·列女传》的伟大女性乐羊子妻。

乐羊是中山国人,是魏文侯麾下的大将,与一代战神吴起并列为魏国的战场双雄。乐羊的后代中有一个特别有名、时常被诸葛亮拿来自况的人物,那就是乐毅。乐羊后来虽然功成名就、显赫一时,但他年轻时也曾落魄潦倒,不知前路何方,若不是他的妻子一直在旁匡正支持，恐怕历史上就会少了一个名将乐羊，而多了一个整日混吃等死的庸人。

少时，乐羊家并不富裕，而且其父早死，乐羊只能与寡母相依为命。长大后，乐羊也并无大志，整日游手好闲，即使在娶妻之后仍未定性。有一日，他在路上闲逛，没想到天上掉馅饼，竟然捡到一块金饼，这真是意外之喜。于是他兴高采烈地回到家里，把金饼塞进妻子怀里，还炫耀一番。谁知他得意地说了半天，却不见妻子有任何反应，他扭头一看，只瞧见妻子脸上布满寒霜。于是垂下头来不说话，等着妻子训示。果不其然，只听得她口中冷冷说道："我听说有志之士不饮'盗泉'之水，洁身自好者不食嗟来之食，更不要说在路上捡了财货还沾沾自喜败坏自己的品德！"乐羊听了这话脸上阵红阵白，惭愧得无以复加，于是抢过金饼来又将它扔在路上，同时暗责自己胸无大志、浑噩度日，于是拜别母亲、妻子，外出游学。临行前，他暗暗发誓，若学无所成，决不还家。

不怕立长志，就怕常立志。在外学习一年后，乐羊对外面辛苦无依的生活有些受不住了，于是告假回家。乐羊推门入室，正瞧见妻子伏在机杼上纺织。他打了个招呼，满以为妻子会因自己归家而高兴，谁想妻子只是抬起头冷冷看了他一眼，连句问候的话也没有，上来直接就是这一句："夫君已然学成了？怎么现在就回来了？"乐羊嘀咕说道："走得太久，想家了，主要是……想你，所以就回来了。"老实说，就算乐羊想以此打动强悍的妻子，但这也应该是他心里的真心话。没想到，他的妻子听了更加生气,忽地从机杼上起来,又风风火火地抄起一把剪刀,几步冲到机杼,将机杼上正织着的布"哗"地一下剪断了,巨大的"伤口"看来触目惊心。

"你这是……"乐羊吓得话都说不出来了。"这匹布源自春蚕吐丝,在这机杼上来回梭织才得以成形。最初只是弱弱的几丝,一丝一丝地织起来,慢慢累积到一寸的宽度,一寸一寸地累积叠加,最后才能成丈成匹。今天我把它砍断,那么以往耗费的时间、精力都算是白费了!你出外求学,应该'日知其所亡',每天知道点从前不明白的道理,如此才能成就高尚的品德;如果学到一半就回家,跟我砍断这匹布有何区别,岂非前功尽弃吗?"语气虽然严厉,眼角却有泪光闪动。乐羊被妻子的言说感动了,又心下惭愧,于是返回老师处继续求学,这一去就是七年,中途再未回家看过一眼。

然而,这样一个一心为着丈夫的功名事业而舍弃家庭欢愉的贤内助,最后却未能善终。有一夜,一盗贼来到乐羊家中行窃,当时乐羊在外求学,并不在家。这盗贼不光是要劫财,更看上了乐羊妻子的美貌。乐羊妻子当然不从,这盗贼便以刀劫持了乐羊的母亲,并把她拖出门外。乐羊妻子于是也持刀跟到门外,形成两相对峙之局。

"第一,把刀放下;第二,从了我;否则,我就要杀死你的婆婆!"盗贼狂笑。乐羊妻子心想:"若我从了这贼人,那么此后如何做人?可是若不从,婆婆就要因我而死,夫君回来时,叫我如何面对?"乐羊妻子仰天长叹,突然反手一刀,刎颈而死。

这大大出乎盗贼的意料，他眼见无法得逞，惊惧之下就将乐羊的母亲放了，自己转身逃跑。当地的长官知道了，就将此盗贼捕杀正法，又厚葬乐羊子妻，赐号曰："贞义"。

从这些事例中可以看出，乐羊子妻是一个刚烈的女子。我们知道，岳飞和海瑞都是由寡母带大的，他们的母亲对他们的性格之形成产生了巨大的影响，这都比较好理解。但是以妻子身份而影响丈夫的女子，乐羊子妻可算是从古至今非常鲜见的一位。乐羊子妻的骨子里流着的是一股英雄血，不放弃，不妥协，乐羊也是"孺子可教"，无论是求学还是作战，都是这股不达目的、誓不罢休的狠绝劲儿。

儿子煮的羹

"朝为田舍郎，暮登天子堂。"乐羊苦学多年，终于得到一个机会，被魏文侯登坛拜将。那么乐羊将军要率大军讨伐何方呢？

中山国。

中山本是北方狄族建立的国家，位置在赵国以东，并不与魏国相邻。那么，魏文侯为什么要跨过赵国进攻中山呢？劳师远征，若战败则为天下笑；若胜，也会付出惨痛的代价，为赵国做嫁衣裳。原来，中山向来便是晋国的属国，要年年向晋君献纳朝贡。可是自打三家分晋后，晋室衰微，再不复原来的威慑力，于是中山国君就断了朝贡。

这叫魏文侯看不下去了。从前，齐国大兴，齐桓公九合诸侯、尊王攘夷，终于当上春秋时的第一个霸主。如今魏国在文侯的治理下也是一片欣欣向荣，一跃成为三晋中的第一强国。所以于情于理、于公于私，魏文侯都必须出兵教训中山国，这样，一来"尊崇"晋君,二来也可以表明魏国如今在三晋的当家人身份。

本来,在点将时,魏文侯并没有一下子就想到乐羊。乐羊能够拜将,出自翟璜的推荐。说起来,乐羊和翟璜之间不光无恩,而且有仇:乐羊的儿子乐舒杀死了翟璜的儿子翟靖。不过翟璜为人心胸开阔,能够将国事与家事分开。他知道魏文侯要找的不是杀死自己儿子的仇人,而是能够帮助他把中山国打下来的能人。

假道于赵,乐羊带着训练有素的魏国精锐杀到中山国都之下。这一路上,乐羊都没有遭受过有力的阻击,可见魏国国力远胜中山,更可知乐羊实在是个善于用兵的将才。可是,行百里者半九十,等到这最后一步,乐羊才知道自己的麻烦刚刚开始。他的儿子乐舒此前一直为中山国效力,如今又出现在城楼上。

刚开始,乐舒还是衣冠楚楚的样子,只是向城下喊话,叫老父乐羊撤兵回魏。可是不久之后,乐舒就被人绑了起来,还塞住了嘴巴。中山国君出现了,喊道:"乐羊,马上撤军,否则莫怪我心狠手辣,一刀砍了你儿子!"

可是,这手段真的能够收效吗?乐羊向上冷冷扫视了城楼一遍,转身回帐去了,对中山国君的话置之不理。之后魏国军队向中山国发起了猛烈进攻,中山国君只得暂时把乐舒的事放到一旁,组织城中军队抵抗魏国人的进攻。

"难道这家伙真的不在乎自己儿子的死活?"中山国君发起凶性,索性将乐舒剁成肉酱,又煮成羹汤,送给乐羊。当中山使者将乐舒做成的肉羹送到乐羊的大帐时,其温尚存。使者将原委来意说了,乐羊静静坐着,始终未曾说话,连看都没看使者一眼。不等他说完,乐羊就揭开盖子,取了调羹,一口一口将肉羹吃了。使者不敢看了,转身撒腿就跑。当他向中山国君报告此行的过程时,中山国君也听得目瞪口呆,说不出话。不管怎样,他已经明白了,魏与中山之间绝无善罢甘休之理。

看到乐羊吃掉肉羹的不止中山使者一人,乐羊手下的魏国将领也都在一旁看着,他们看出了主将一定要攻下中山的决心!于是不待乐羊下令,便不分昼夜,从四面八方不间断地发动总攻,最终大破中山国。

从开拔出征到攻破中山,三年的时光不知不觉间已经过去了。现在终于取得了胜利,魏国的士兵自然个个喜笑颜开,因为他们终于可以回家了。可是这时的乐羊却不知自己的归处,夫人已经自杀而死,儿子可以说是被他害死……

有人说,翟璜之所以推荐乐羊,就是因为早已算好了一切,他知道立功心切的乐羊一定会为了胜利不顾一切,哪怕是牺牲自己儿子的性命,如此一来,翟璜也就算是给自己儿子报了仇了。是这样吗?这恐怕只有翟璜自己才清楚。

且说回魏国。魏文侯在得知乐羊扫灭中山国之后,大为高兴,在听说乐羊吃掉自己儿子时又对谋士睹师赞说:"乐羊这样做,都是为了我啊!"双目微红,很是激动。谁知睹师赞却不这么看,只听他冷冷说道:"他连儿子的肉都吃得下,那天下间还有谁是他不敢吃的?"这话惊起魏文侯一身冷汗。是啊,天下间还有什么事是他不敢做的?

吴起伤不起

如同流星，乐羊在中山之战里迸发了耀眼的光芒，可是此后却没了消息，而吴起却一直活跃在魏国的政治舞台上。

魏文侯魏斯去世后，他的儿子魏击即位称王，是为魏武侯。有一天，魏武侯与吴起一同坐船，顺着西河漂流而下。船行半路，魏武侯起身对吴起说："我魏国有此险固山河做屏障，真是上天的赐福！"这可能是因为武侯刚刚即位，所以面对自己执掌的大好河山涌起了万丈豪情。这并没有什么不妥，况且魏武侯说的也很在理。

但吴起心里可能有点看不起这个刚刚上台的年轻人，于是借题发挥教训道："要守住国家，守住祖宗基业，靠的不是险固的山河，而是君主自身的德行！从前三苗氏左临洞庭湖，右靠彭蠡湖，可是他不修德义，终于被大禹王攻灭；夏桀所居之地，左面是黄河、济水，右面是泰山、华山，南面有伊阙山做他的屏障，北面只有一条羊肠小路与外界相通，其地形可谓再险固不过了，可是他贪暴苛戾、骄奢淫逸，最终丢了天下，被商汤放逐；殷纣的都城，左边是孟门山，右边是太行山，北面有常山作为戍卫，南面是黄河天险，可是他横征暴敛、不施仁德，终于给周武王兵临城下，被迫自焚而死。由此可知，想要王位永固、国家长治久安，靠的不是险固的山河，而是君主自身的德行。如果君上不修德行，那么即使这小舟上的人，也会变成不共戴天的仇雠，更遑论他人呢？"魏武侯只得点头称是。

虽然已经贵为魏国武将，但吴起最终的目标仍是登上相国宝座。"起不为卿相，誓不入卫。"他对母亲的承诺他还记着。事实上，由于战功赫赫、才华出众，吴起确实是很多人心目中魏国丞相的不二人选，不过最终的结果却让吴起和众人大感意外：田文做了国相。吴起自然不服气，于是找田文去理论："敢不敢跟我比一下功劳？"田文躬身道："将军请讲。"

"统帅三军，叫士卒争先效死命，使别国不敢正视我魏国，我做到了，你比我如何？"吴起问。

"我不如您。"田文答。

"守卫西河之地，叫秦人难以东进半步，同时震慑韩、赵两家，叫他们不敢轻举妄动，我做到了，你比我如何？"吴起问。

"我不如您。"田文答。

"辖制文武百官，使百姓亲附朝廷，充实府库，我做到了，你比我如何？"吴起脸有得意之色。

"我不如您。"田文依旧面无表情。

"既然这几方面你都比不过我,为何还登台拜相,位居我之上?这是哪门子的道理?"吴起冷笑。

"先王新死,今君上初掌大宝,交替之际,国人无依而彷徨,朝臣各有打算,其心不服,百姓疑虑不信,正可谓多事之秋、风雨飘摇,你说这个时候,是把政事交给你打理,还是交给我打理呢?"

吴起知道,田文以魏国宗亲身份出任丞相一职,确实有利于稳定政局。他沉默良久后叹道:"应该将政事托付给您!"这才明白自己只想着己身的荣辱,而不如田文那样顾全大局,心下惭愧,于是再也不在田文面前提谁应该封相。

吴起"浪子回头,知过能改",翟璜做得丝毫也不比吴起差。

先前,魏文侯向李悝诉苦,说自己一个人肩挑国务,十分劳累,可是最后仍不能将国事打理得井井有条。

李悝说:"家里贫穷就应该找个贤妻,国家动乱就应该寻求良相。"

文侯问道:"我确想设丞相一职,只不过在魏成子与翟璜之间左右为难,不知道选谁好。"

李悝回答道:"不在其位,不谋其政,臣身份卑微,怎能参与挑选丞相这样的大事?"

文侯说:"先生太客气了,莫要推辞,还请为寡人出个主意。"

李悝笑道:"您无法决断是因为平时观察不够细密。判断一个人是否能够胜任某职,要听其言观其行,要看他平时都与哪些人亲近，发达后又结交哪些人，显要后提拔推举哪些人，不遇时不做哪些事，穷困时不拿哪些东西。有了这五条标准，已经足够君上选出宰相了，还需要我李悝在此妄言吗？"

文侯听得双眉一挑，说道："先生可以回去歇息了，我已经知道该拜谁为相了。"

走出魏宫的李悝来到翟璜家，翟璜急切问道："听说今天君上召见先生入宫，是要商讨丞相的人选，不知可有结果？"

"不出意外，应该是拜魏成子为相了。"

翟璜色变道："我哪里比不上魏成子？吴起、乐羊、西门豹，当然还有先生您，都是我推荐的，你们都为魏国立下不世功勋……你说，我哪里比不得魏成子？"言下之意，自己推荐了李悝，那么李悝就应该为自己说话。

"您推荐我的初衷，是为了向君主推举人才，还是为了结党营私呢？"这句话立时叫翟璜软了下来。李悝又道："君上问我该选谁为相，是您还是魏成子。我对君上说，看一个人，要看他平时都与哪些人亲近，发达后又结交哪些人，显要后提拔推举哪些人，不遇时不做哪些事，穷困时不拿哪些东西。有这五条，就已经足够做出决断，因此知道这相位必属于魏成子。您虽然贤德，但哪里比得上魏成子呢？魏成子食禄千钟，其中有九成是为国家花费在家门之外，而只有一成是花费在家门之内，不是这样，怎么将卜子夏、段木干、田子方这样的贤士从别国远远地请过来？这三人都被君上奉为师长，而您推荐的这五个人都被君上列为臣下。光凭这一点，您如何与魏成子相比？"

一般人听了"您哪里比得上魏成子"和"如何与魏成子相比"这样的话总要发飙,至少是端茶送客。可是翟璜听了,却久久不语左右思量,最后终于向李悝一揖到地,心悦诚服地说:"我翟璜浅薄无行,所言尽是虚妄,我愿终身做先生的弟子,在先生身边聆讯受教。"

这就是魏文侯手下的一班文臣武将,不论是吴起还是翟璜,他们所求不尽是功名利禄,更有自我修养的提高,自己德行的锤炼。这或许就是他们屡屡创造奇迹,立下万世之功的缘故吧,因为他们的心胸很多时候都超越了这个俗世,所以才久久地为这个庸碌的世界惦念、怀恋。

然而,如果这个世界都是像他们这样的谦谦君子,那么天下就太平了。事实上,名与利是如此发光耀眼,早已眩晕了一些人的耳目,叫他们想尽一切办法来维护自己的权位。田文去世后,公叔出任魏国的丞相,他不是一个有着自己政治理想的政治家,而是一个汲汲于名利的政客。公叔知道,他的才能与威望远远不及吴起,所以睡不安稳、食不知味,日夜担心有一天自己丢掉相印,被吴起取代。

主人的忧虑逃不过仆人的眼睛。

公叔的仆人宽慰他说:"相爷无须忧虑,要赶走吴起此人其实不难。"

公叔问:"你有何办法?"

仆人回答说:"须得想法离间吴起与君上的关系。吴起向来狂傲,其为人又好名贪荣,可是尽管为大魏效力多年,也立下了汗马功劳，却始终未能拜相，所以您可以对君上说：'吴起之才天下无双，而魏国地狭，西面紧挨着地广千里的秦国，我担心吴起早晚会离开魏国，到别国高就。'这时君上必然会问计于您。您就可以说：'我们可以用下嫁公主给吴起的办法试他一试。假如他肯娶公主，就证明他确实有心继续在魏国效力；倘若他拒绝婚事，就说明他早有离开魏国之意。'君上必定会同意这个办法。如此一来，您就可以在家中设宴，请吴起与公主一同赴宴。在宴会上，您可以故意刺激公主，叫她发怒而当众羞辱您，吴起看到了公主的刁蛮脾气，自然会将婚事推掉。"

一切依计而行。吴起看到公主对丞相公叔如此不敬，心想若是当真娶了她，岂非要给自己找罪受？而公主金枝玉叶，又打不得骂不得——这后半辈子岂非毁在这女人手里？于是隔日便入宫向武侯推掉了婚事。武侯以为吴起早有去意，于是态度大转，不再信任吴起。吴起的建议无法被武侯采纳，知道自己已经失去了武侯的信任，又怕此后惹祸上身，于是离开魏国，南下入楚。

名满天下的吴起很快得到了胸怀大志的楚悼王的赏识，官拜楚国令尹，主持改革。楚国地处南方，无论是文化习俗，还是政治制度，与中原各国都迥然有异。所谓"令尹"，即是楚国的最高官职，上佐国君，下统百官，内摄朝政，外掌兵马，相当于别国之丞相。由于位高权重，干系重大，所以令尹一职一般由楚国宗亲，如芈氏、熊氏等族来担任。吴起这个"外人"能够出任令尹一职，从中可以看出楚悼王对吴起的信任和他有志改革的决心。

楚国沃野千里，地广民众，吴起的改革主要是针对无所作为的贵族阶级。这些贵族寸功未立，只是靠着出身高贵而窃居官位，整日又游手好闲，纵情酒色，搞得楚国上下一片乌烟瘴气。这还不算，他们一日在职，朝廷就要大笔花销以维持他们的俸禄，再也拿不出财货来充实府库，招募兵马和训练军队；而且有抱负、有才华的士人上进的道路也会给他们挡着，无法一展胸中所学，所以造成楚国的人才严重流失。

本来，吴起一个外人，要向根深蒂固、枝繁叶茂的本土贵族势力开刀，说起来有点像天方夜谭。不过有了楚悼王的大力支持，尽管那些贵族怨声载道地反对吴起，改革还是能够顺利地进行。

不出几年，楚国在吴起的改革下立时焕然一新：朝纲森严，全国上下依法而行，将士用命，虎虎生风。有这样强悍战斗力的军队，若不能在战场上一展雄风，实在是可惜。所以，几年之内，楚国"南平百越；北并陈蔡，却三晋；西伐秦。诸侯患楚之强"。这时吴起的地位也日渐巩固。

可是又过了几年，形势忽然逆转：楚悼王薨逝升天了！这对吴起来说无疑是一个噩耗，因为他此后再也不能像以前那样得到楚悼王有力的支持，更不妙的是，他一心公务，拙于谋私，早已将楚国上上下下的贵族得罪了一个遍，现在这些人一个个咬牙切齿，恨不得将吴起碎尸万段。就在为楚悼王出殡那天，这些宗亲贵族终于起兵，要置吴起于死地。吴起自知必无幸理，索性跑到楚悼王停灵的地方，纵身一跃，扑到悼王的身上，狞笑道："今

吴起

漆園吏

日我吴起不会白死,你们都要给我殉葬!"说罢即被乱箭射死。可是射死吴起的箭,也同时毁坏了楚悼王的尸身,这是以下犯上的大不敬之罪。

不久,太子即位,是为楚肃王。他下令将射杀吴起、有份毁坏先王遗体的人全部抓捕处死。就这样,七十余户人家做了吴起的殉葬品。

太史公司马迁这样评价吴起:"能行之者未必能言,能言之者未必能行。吴起说武侯以形势不如德,然行之于楚,以刻暴少恩亡其躯。悲夫!"

分处于不同的局势之中,自然会有不同的判断和行动,即俗语所谓"到什么山唱什么歌"。吴起在魏国时,借题发挥地教训魏武侯,说得不可谓不精彩、不深刻。可是他到了楚国之后,情况都已经完全变了。三晋之地,由于地处北方,时常受到戎狄的冲击,所以向来的政策都是强军以立国,故而封建制和礼法制给破坏得早一些、深刻一些,也就早有靠近法家的传统——军队中若无说一不二的军法,如何能够令行禁止,又如何能够集结为一团强大的战斗力?而楚国则不一样,那里物产丰富,从来不愁吃穿,而且又无须时时刻刻面临戎狄扰边的威胁,因而生活安逸,又崇尚巫风淫祀,浪漫而奔放,所以其改革的动力实在不足,若非出了楚悼王这样一个有心争霸天下的君王,楚国肯定只能谨守一隅,等着六国争出个高下,然后选择投降。所以楚国的封建残留是很多的,观乎国内贵族势力如此强大就知道了——令尹一职始终在那几个宗亲家族手里传来转去。

而魏国改革图强之际,除了有吴起,还有李悝、魏成子、翟璜、段木干、田文……明君贤臣,通力合作,改革的阻力自然很小,所以过程也就相对"和平"很多。等到楚国开始改革之时,只有一个吴起孤零零地支撑起改革大业,所以改革的阻力大,少不得动用所谓血腥暴力、狠辣干脆的"雷霆手段"。改革走到这一步,客气不得,那么给太史公说成了"苛暴少恩"也就不可避免了。

或许吴起也知道,这样"硬来"最终会给自己带来杀身之祸,可是大丈夫立身天地间,若贪生怕死、处处顾虑,又如何成就一番大事?"与其默默朽烂,不如从容燃烧",是也罢,非也罢,成也罢,败也罢,总之要轰轰烈烈地活过一场,才不枉上天赐给的大好年华!

齐国怎么了

战国时代来临的标志主要有两个,一个是三家分晋,另一个便是田氏代齐。

田氏能够真正实现代齐的计划,首先自然是因为田氏的权力已经渐渐地超过了姜姓君主;其次则是因为田氏在齐国有深厚的群众基础。前者已经成为了事实,后者还需要田氏贵族精心地经营。所以田氏采取了这样的策略,饥荒和春耕时,用大斗给百姓借粮食和种子,秋收的时候,则用小斗去征收赋税。

如此,百姓人人信服,对于姜姓时代的远去,几乎没有任何的留念。齐国其他贵族自然不会眼睁睁地看着田氏逐渐强大,为此,他们多次打击田氏。那些贵族为了维护自己的权力,早在田成子之时,就建议齐平公施行德政,但他们却将百姓不喜欢的刑罚一事交给田氏去办。如此一来,田氏反而借机将齐国境内的反对贵族基本清除或者打压，还为自己划分了一个比齐平公的管辖区域还大的封邑。齐君成了有名无实的摆设。

到了田和时代，姜姓国君这个摆设终于成为了他们的眼中钉肉中刺，而且时机已经成熟，所以田和将齐康公贬谪到了海边的一座小城之中，从此以钓鱼为生。

此后，齐国便正式归入了田氏的治下，齐国也借此重新组合。公元前365年，田氏齐威王登上了齐国的历史舞台，同年，姜氏齐康公也死去，死后无子，田氏从事实和名义上，实现了齐国的完全统一。

只是齐威王和前任的几代君主并不太一样。经历了祖辈和父辈的励精图治，齐国不断强大。但是到了齐威王这里，却似乎没有了当初的豪情万丈。当时齐威王刚刚即位，和赵国的赵烈侯、魏国的魏文侯一样，特别地沉迷音乐。所以在齐国朝臣的眼中，齐威王不过是一个不务正业的君主。历史评价说，齐威王初立，"好为淫乐长夜之饮，沉湎不治，委政于卿大夫。百官荒乱，诸侯并侵，国且危亡，在于且暮"。

齐国由于君主不理政事，韩国、魏国、赵国这三个新兴的国家纷纷踌躇满志地来侵略齐国。连一向安分的鲁国也以齐国田氏擅权为理由，前来侵略。一时之间，整个齐国完全呈现了"诸侯并伐，国人不治"的局面。

整个齐国都在疑问，齐王究竟是怎么了。齐国还有救吗？齐威王元年，三晋因齐丧，群龙无首，遂挥师前往灵丘伐齐。六年之后，鲁国也不甘寂寞，前来伐齐，大军一路打入阳关。又过了一年，卫伐齐，取薛陵。再过了两年，越伐齐，取甄。眼看齐国就像一块砧板上的肥肉，不断地被瓜分蚕食，齐王痛定思痛，决定改变齐国的现状，适时，齐国来了一个奇才，这个人就是邹忌。

邹忌，生于公元前385年，卒于公元前319年，齐国人，《史记》上称之为驺忌子。齐威王尚未即位时，邹忌便担任了齐国的大臣。

此时的齐威王立志改革，可谓思贤若渴。邹忌听说了这件事情，便鼓琴自荐，齐威王很高兴，遂任命他为齐国相国，封于下邳（今江苏邳县西南），称成侯。邹忌刚刚接手相印，淳于髡便前去拜会他，并向他提出了自己治国的五点建议。如"大车不经过校正，就不能托载规定的重量；琴瑟不经过校正，就不能成就五音"等。淳于髡解释说，大车运转、琴瑟弹奏和弦与一个国家的政治一样，必须要有制度上的约束，才能够井井有条。于是邹忌决定向齐王建议，颁布法律，建立成熟的管理考核与赏罚制度。在邹忌的劝谏下，齐威王决定，奖励群臣官吏甚至是百姓进谏。其次则是要修订严明法纪，整顿官吏制度，赏善罚恶。

一场轰轰烈烈的、决定齐国命运的改革就此拉开了序幕。只是，谁也不知道，这赏善罚恶的对象会是谁。有的人经常遭到弹劾，齐威王也能经常听说他的坏事，于是，这种人在明白了自己的处境之后，惶惶不可终日。反之，有的人就是个老好人，在朝野上下可谓左右逢源，人人皆言其优点，所以这种人则洋洋自得,以为自己即将平步青云。

第一种人,以即墨大夫为代表。此人为人正直,不懂得太多的为官之道,不懂得如何行贿受贿,笼络君主身边的人,所以屡屡有人向齐威王进献谗言。但是在他的用心经营下,即墨一带大举开荒,得到了千亩良田,人民富足殷实;第二种人,则以阿城(今山东阳谷东北)大夫为代表。此人百无一用,使得当地田地荒芜、仓库空虚、民不聊生。但是他却有一个长处,善于和中央朝廷打交道,在齐威王耳边,经常能够听到关于阿城大夫的好话。

齐威王决定,整顿吏治的变法就从这两个人身上开始。为此,齐王做了充分的调查,在获取了实情之后,做了两手准备。第一手便是万户土地的封赏;第二手则是烧满开水的、热气腾腾的大锅。当然,前者是看不见的,只有后者让群臣思考,这齐王的葫芦里到底卖的是什么药?

这一次,齐威王没有丝毫犹豫,在即墨和阿城两位大夫都上到朝堂之时,他果断地将万户土地封赏给了即墨大夫。直到这时候,阿城大夫才感到不妙,可是一切都来不及了。

自此之后,齐国不断地强大,齐威王也生出了雄霸天下的野心,甚至还铸造象征最高权力的鼎,向天下宣称:"皇考孝武桓公、恭哉大谟克诚。其唯因齐,扬皇考昭统,高祖黄帝,迩嗣桓文,朝问诸侯,合扬厥德。"

由此而观之,齐威王已经下定了决心,要以黄帝、齐桓公、晋文公等千古明君的功业来发扬乃父桓公的令名令德。在这种思想的指导下,齐威王努力加强边防。使田盼在高唐拒赵、黔夫守徐州拒燕、檀子守南城拒楚;用种首为司寇以安境内;拜田忌和孙膑分别为司马和军师,教兵习战,以谋征伐。在他看来,任何国家至宝也比不上这些人才重要。

骗人的理由

众所周知,齐威王曾经是个十分爱好弹琴的人。由于齐威王整日沉迷其中,朝中文武皆以为他是一个不务正业之人,在声色犬马之中荒废了朝政。而他却通过琴这一媒介得以辨识良才。这个良才,指的就是邹忌。

邹忌通过鼓琴自荐,得到了齐威王的器重,所谓高山流水遇知音,就是在一把枯琴之中,齐威王得到了邹忌,但是他并没有打算让邹忌担当大任,而是把他留在身边,以便在闲暇之余,和他切磋一二。

这日,齐威王照例拿出了自己心爱的琴,在房间之中沉醉不已地自娱自乐起来。恰在这个时候,邹忌竟然不经传告,直接走了进来。同时双手拍掌,大声叫好。

齐威王直接拔出了宝剑,不悦地问邹忌:"我的琴艺好在哪里?"

邹忌是个琴技高手,很容易便将齐威王琴声的优美之处说出,齐威王终于将宝剑放了下来。

见齐威王怒色已消,邹忌接着说道:"一个国家的国君,就如同一把琴的大弦一样,而小弦便如同一个国家的相国一般。只有大弦和小弦错落有致,琴音才能完美地衔接;也只有国君和相国和睦共处、勠力同心,国家才能井然有序。所谓琴音调而天下治,说的就是这个道理。"

齐威王顿时明白,这位自称"琴师"的邹忌其实是个具有治国平天下的能人。于是他请邹忌做齐国的相国,主持齐国的改革大业。和商鞅不同,邹忌想要的,只是通过改良君主来使得齐国强大,而商鞅要做的,则是从制度等根本性问题出发,彻底地改变秦国的现状。

邹忌身高八尺,是个美男子。一日,邹忌穿戴好衣冠,照着镜子,问他的妻子:"城北的徐公号称齐国第一美男子,我与徐公相比,谁更漂亮?"

妻子不假思索地回答:"当然是您更漂亮。"

城北的徐公,是齐国公认最美的男子。邹忌不相信他会比徐公更漂亮,所以就又向他的妾问道:"你觉得我跟徐公比起来,谁漂亮?"

妾想了想说:"徐公比不上您。"

第二天,有位客人前来拜访,邹忌坐着跟他聊天时,又想起这个问题,于是又向他问道:"在你眼里,我和徐公两个人,谁更漂亮?"

客人说道："徐公比不上您漂亮。"

又过了一天，城北的徐公来了，邹忌上上下下仔细地打量他，顿时觉得徐公的美在自己之上。再照镜子后发现，自己远远比不上徐公。

晚上躺在床上的邹忌，翻来覆去地想这件事情，最后恍然大悟："妻子认为我漂亮，是因为偏爱我；妾认为我漂亮，则是因为害怕我；而客人认为我漂亮，不过是因为有求于我。"

于是，邹忌前去面见齐威王，并将这件事情告诉了齐王。并且就坡下驴地说及齐王和他一样，在治理国家上，也受到了蒙蔽，"如今的齐国，广有方圆千里的土地，大小城池差不多一百二十座，如此一来，妃子和近臣因为爱齐王，所以会在某些事情上蒙蔽他；一般大臣因为畏惧齐王的威严，是故欺骗齐王也在情理之中；整个齐国都依靠齐王过活，为了生存，说点假话也是在所难免的。"

齐王在听取了邹忌的论述之后，顿生醍醐灌顶之感。接着向整个齐国下了一个诏令，只要谁能够当面指责他的过错，受上等赏；如果有人用书面形式给他进言，也会有中等的赏赐；即使不敢直言相谏，甚至连书信都不敢写，而在私下议论的人，只要他知道了，也会有一定的赏赐。

一时之间，整个齐国境内，许多人都来进谏，齐王大殿更是门庭若市。齐国国君通过这种方式得到了极大的教益，齐国的政治越加清明。

齐国通过改良，国力有了很大的提升。但是也有很多的黑暗和危机隐藏在繁华背后。齐国内部，隐藏着很多的蛀虫，一般人是没有办法知道的，在这种高压下，他们被迫改头换面，但是只要时局一变，他们又会重操旧业，其危害之大，比一般的蛀虫更加严重。

当然，还有一些例外，在这种风气的指引下，越加清正廉洁，由此而开辟了齐国历史上的新局面。比如说镇守高唐（今山东禹城）的田盼，爱民如子，治军甚严，以身作则，刚正不阿，让凶悍的赵国军队，不敢南下黄河而钓鱼。又比如说镇守徐州（薛县，今山东滕州）的黔夫，因为政治清明，农业发展、经济繁荣，有七千多的赵国和燕国人移民到此，成为齐国人。再比如负责镇守南边边城的大臣檀子，因为军队的强大，战略的高明，使得泗水流域十二个诸侯国家顿首，唯齐国马首是瞻，更让楚国不敢轻易就范。

此外，大臣种首则是全面的统筹，兼顾各方，齐国各种作奸犯科的人，大多数都被抓了起来，整个齐国可谓天朗气清，百姓更是路不拾遗。当然，这或许有夸张的成分，但是从某个层面而言，齐国此时，无疑达到了历史上的鼎盛时期。

列国见状，忐忑不安，因曾经占据过齐国的土地，如今见齐国富强，未免担心自己的国家遭到齐国报复，于是将所占土地还给了齐国。自战国以来，见风使舵的如此步调一致，实在是世间罕有。齐国富强后，直接威胁到魏国在诸侯间的地位，魏惠王当然不能坐视不理。

手握庞涓这样一个军事奇才、不世大将的魏惠王准备给齐国一个教训。但是历史的运转似乎已经偏离了魏国的预计,魏国似乎亦从历史的宠儿不断演变为历史的弃儿。在另一个军事天才孙膑的率领下,齐军在和魏军作战中取得了前所未有的胜利。

天上掉下要命的馅饼

韩国因为地理位置特殊，改革成效甚微，在战国之时，一直是最为弱小的国家。当时的韩国，在东边和魏国接壤，在西边则成为了秦国函谷关大道之上的一个绊脚石。初始之时，三晋之地还多次联合，东征西讨、四处征伐，魏国自然很少欺负韩国，反而韩国还能够在这种联合中获取一定的好处。但是随着时间的推移，三晋在外部的发展受到了极大的限制，内部的纷争也多了起来，韩国自然受到了最大的制约。秦国要向东方发展，首先就是要打击韩国，如此，韩国便面临着腹背受敌的窘迫境况。就是在这种情况下，韩国却一直没有放弃扩张，公元前375年，韩哀侯率领大军数万，灭掉了春秋早期最为强大的诸侯国郑国，从此，韩国的疆域得到了很大的扩展。韩国的都城也从平阳（今山西临汾）迁到郑都新郑（今河南新郑），不久之后又迁到阳翟。就在吴起在楚国的变法刚刚谢幕不久，秦国的商鞅也开始了变法，同时，在韩国，申不害也成为相国，主持韩国的变法运动。申不害在韩国，得到了韩昭侯的大力支持，在韩国境内施行严苛的政治，虽然变法并不彻底，但毋庸置疑的是韩国的国力就此得到了增强。只是申不害一死，韩国便遭受了更多的侵犯。到此为止，韩国疆土南有陉山（在今河南郾城），北自成皋（今河南荥阳西北）过黄河到上党（治设今山西长治），东临洧水（源出河南密县，至新郑东南流入颍水），西接秦国。这一地区的山地很多，土地贫瘠，人口稀少。

韩国除了国力微小、屡受侵犯之外，国内的争斗也是连绵不休。其中比较典型的就是韩国濮阳的严仲子，也有人称之为严遂。当时韩国的国相是侠累，此人心胸狭隘，妒忌贤能，严仲子因为与之政见不合，更得到韩哀侯的器重，引起了侠累的妒忌，欲要杀之而后快。无奈，严仲子只能逃出韩国，四处游历，而其家人则惨遭侠累的毒害。严仲子四方打探，希望能够找出一个人，能够帮助自己报仇雪恨、除掉侠累。

就在严仲子四处寻访有才之人时，齐国这边也来了一个人物，那就是聂政，此人是韩国闻名的剑客，只是因为杀了人，为了防止自己的母亲和姐姐遭受池鱼之殃，只能携二人风尘仆仆地来到了齐国。

到了齐国，聂政以屠夫为业，所谓"大隐隐于市"，这样一来，他的麻烦的确是少了很多。只是这并不是聂政想要的生活，如果不是迫于无奈，他宁愿四处去行侠仗义、锄强扶弱，管尽天下不平之事，即使亡命天涯、四海为家也在所不惜。

恰在此时，严仲子也到了齐国，一到这里，他便听说，在齐国境内，有一个侠义之士、勇敢之人，为了躲避仇家，在齐国的菜市之中隐居，以屠夫为职业，不问世事。严仲子乍闻这个消息，心中顿时一亮，这不正是自己要找的人吗？再一打听，这人的剑术极其高超，曾经一人力战十余名剑客而游刃有余。

于是，严仲子携薄礼来到了聂政的家中，希望能够与之结交。这样一来二去，二人便逐渐地熟悉了起来，严仲子知道，像聂政这样的剑客，不可与之虚与委蛇，只能真心与之相交，才能够获取他的尊重和支持。所以在这一段时间内，严仲子半点也没有提到关于为自己杀人报仇的事情。因为他担心，一旦自己说出了内心的想法，聂政便会认为自己是怀着目的才来结交他的。

终于，时机成熟了，聂政和严仲子几乎成了无话不说的好友。严仲子便在家中布置了上好的酒席，邀请聂政及其家人一起来赴宴。为了表示自己对聂政的尊重，严仲子亲自驾车来到聂政住处，迎接他们三人前来。酒菜刚刚上桌，严仲子便捧着酒杯来到了聂政的母亲面前，给她敬酒。一时之间，其乐融融，聂政的母亲更是喜笑颜开，以前还担心，自己的儿子会因为和严仲子相交而卷入另一场风波之中，现在看来，这个严仲子的确是大智大勇之人，能够尊敬长者、尊重能人，儿子与之相交，算起来还是一场造化。给聂政之母敬完酒，严仲子又顺势给聂政的姐姐敬酒，聂政的姐姐自然也欢喜无限。酒过三巡，大家均是醉意横生，谈笑间更是豪迈畅快。

其实，在此之前，严仲子便打听到，今日便是聂政母亲的生日,是故严仲子当即拿出了一百镒黄金,双手捧到了聂政母亲的面前,为之祝寿。一见严仲子拿出了重金,聂政便生出了疑窦。莫非这严仲子真的是有求于自己?按说以自己和严仲子之情义,要自己帮忙,的确不应该说个"不"字。只是老母亲尚在,姐姐更是与自己相依为命,自己一去不要紧,连累了家人就说不过去了。

所以一开始聂政便坚决拒绝了严仲子的重金,严仲子自然不会放过这次机会,于是执意要求聂政不要推辞。聂政只能辞谢道:"在下很是幸运,老母亲尚在,姐姐也陪伴在自己的身边,家里虽然贫穷,一日三餐、温饱住宿还是不成问题的。今日在下三人客居在此,更有杀猪宰狗一技之长,早晚之间能够挣到很多的钱财,再用这些钱财给老母亲买些甘甜松脆的东西,老母的供养还算齐备,也算是安享晚年了。仲子的赏赐太过丰厚,无功不受禄,在下实在不敢接受。"

严仲子见聂政心有顾忌,便决定坦诚相见,拉着聂政避开众人,到一个角落对聂政说道:"我也是被逼无奈,才流落到了齐国,相信你也知道,我在韩国与当朝相国侠累结下了不共戴天之仇,但是他的势力太强大了,在整个韩国而言,简直可以一手遮天,我周游列国,一直在找一个可以为我报仇雪恨的人,可惜事与愿违,一直没有找到。机缘巧合之下,我终于来到了齐国,私下听很多人夸奖你,说你轻生死、重义气、为人豪爽、剑术高超,同时还听说,你带着母亲和姐姐相依为命。这期间的艰难,岂是一般人所能理解的?我徒然作为你的至交好友,却帮不上多大的忙，只能献上百金，作为你母亲改善生活的费用，希望能够继续我们的友谊，绝对没有其他的索求和指望！你千万不要拒绝我，否则叫我的心如何安宁呢？"

聂政听完，心中感动不已，只是情势所迫，自己并不是一个人，遂只能狠下心来，对严仲子说道："在下能够理解你的苦心，也很珍惜我们之前的情谊，只是你也知道，我之所以现在身份屈辱、心志卑下，于那市井走卒之间，做个低三下四的屠夫，只是希望能够借此奉养老母，照顾好姐姐。如今老母健在，我岂敢对别人私下承诺，只希望你能够体谅我的难处，他日我没有牵挂，自然会任你驱使，为你效犬马之劳。"

说完这番话，严仲子只能将心中的怨愤放下，但是君子一诺千金，说了要给聂政赠送百金，严仲子就断然不想食言。只是聂政坚持不肯接受，无论严仲子如何坚持，也只能做个无用功。当然，聂政已经和严仲子相交，一旦时机成熟，聂政定然会帮助严仲子报仇。

很久以后，聂政的母亲去世了，只剩下姐姐和聂政在一起。在安葬完了母亲之后，聂政便为其服丧，期满之后，他心中的最大羁绊已经不在了。在这期间，对姐姐的牵挂和对严仲子的歉疚，在聂政内心如同天平的两端，不断地左右摇摆。时间越久，对于严仲子的歉疚便越深厚。聂政深知自己虽然身怀绝技，但终归不过是一个市井小民、平头百姓，甚至是一个卑贱的屠猪宰狗之辈。严仲子何许人也？那可是韩国的贵族，在诸侯之间都是极有名气的。但是他却丝毫不在乎自己的身份，不远千里来到齐国，降尊纤贵和自己相交，一片赤诚。而自己却因为家中的一点事情，一再推辞他的多番好意。这样看来，自己对于严仲子的情谊，实在是太过浅薄，太过微不足道了。他的恩情，自己万死难以报答，如何才能够让自己心安呢？此前，严仲子更是献上了百金为自己的母亲祝寿，其赤诚肝胆随处可见。自己虽然最终没有接受重金，但是可以看出来，他对自己的了解一定比自己对他的了解深厚得多。

贤德之人因为仇恨而惶惶不可终日，到了千里之外，他却将处于偏僻的屠夫视为亲信心腹。而自己却一直默不作声，以母亲和姐姐为挡箭牌，如此，哪里是侠客的作为？自己久怀凌云壮志，希望能够仗剑江湖、行侠仗义，如今有人如此赏识自己，甚至不惜用重金来结交自己，自己在母亲享尽天年之后，如何能够安心坐下来？是时候为了解自己的人尽一份绵薄之力了。

计议已定，聂政便一路向西，来到了濮阳，顺利见到了严仲子。

出来混,早晚要还的

一见面,聂政便对严仲子说道:"以前在下因为老母在世,所以一直没有答应你的邀请,如今老母在在下的照顾下,已享尽天年,在下已经没有了多少牵挂。不知道你可不可以将仇人的事情放下,一切都交给在下去办?"

严仲子闻言,心下大喜,只要有了聂政为自己全力以赴地刺杀敌人,敌人在明,我在暗处,一定会大仇得报。于是将仇人的具体情况说了一遍:"我的仇人正是韩国当朝相国侠累,韩国国君还得称呼他叔父,他权倾朝野、势力庞大,宗族旺盛,人丁众多。要通过一般途径报仇,实在是难比登天。我曾经也尝试过派遣刺客前去刺杀他,只是侠累居住的地方防卫十分严密,因此我派遣去刺杀他的人一再失手。如今承蒙您不嫌弃我,豪气干云应允了下来,我没有什么可以帮上忙的,除了介绍他之外,还可以增加数名车骑壮士,希望能够在您的左右助您一臂之力。"

但是聂政也有自己的考虑,此去他要刺杀的可是韩国的当朝相国,他和韩国的国君之间,又有着亲属关系,实在是不能够出一点差错。据他推测,此去肯定会有很多人,所谓人多嘴杂,如果将车骑人马带过去,难免会发生意外,走漏消息,那样严仲子就会和整个韩国的人结仇,这不是明智的举动。于是,聂政辞谢了严仲子为之安排的一切,独自一人前往韩国,大有"风萧萧兮易水寒,壮士一去兮不复返"的壮烈。

关于聂政刺杀侠累的事情,在《史记》和《琴操》都有记载,但是行刺的原因和过程却不相同。

《史记》中的叙述相对简单一些。聂政带着宝剑来到了韩国,直接走到了大堂之上,看见相国侠累正襟危坐地在那里,侠累只感受着心中忐忑,好像有什么事情要发生。再看周围则是精装甲士,他们各自持着锋利的刀、锐利的戟,如果有人欲图不轨,定然会出师未捷身先死。

可是聂政不是普通人,他除了有过人的胆色、冲天的侠气之外,其剑术更是当世一流。所以在司马迁的叙述中,聂政几乎没有任何悬念地便走上了台阶,那些护卫还没有反应过来,聂政便将侠累刺杀。

大堂之上,顿时乱作一团,堂上的、堂外的无数侍卫蜂拥而来,誓要为侠累报仇,岂料聂政的剑术太过高超,三下五除二便有数十人倒在了聂政的剑下。眼看聂政就要杀出重围,却不料外面来了更多的人,纷纷持着刀枪剑戟与聂政拼杀。最后聂政放弃了,他知道自己无论如何也逃不出敌人的重重包围。此次前来,他已经完成了刺杀侠累的任务，对严仲子已有交代。他有了必死的决心，在尽量多杀敌人的同时，为了不让敌人认出他，他决定毁坏自己的面容。

于是，聂政挥剑向自己的脸上绞去，直到面容模糊才罢休，同时在看了这个世界最后一眼之后，聂政割除了自己的一双眼睛，握在手中捏成一团，最后再挥剑破开自己的胸腹，气尽而亡。

而东汉蔡邕在《琴操》一文中，又是另外一番记述。当时的聂政并非默默无闻，其父是专门为韩哀侯铸剑的师傅。然而，在一次任务中他的父亲超过了工期，却依然没有完成任务。韩王顿时大怒，想要杀了他以示惩戒。聂父准备逃跑，但是终归还是被韩王抓住而杀害。

此时的聂政，还是一个不谙世事的小孩子，多年之后，聂政终于长大成人，也从母亲的口中知道了父亲的死因。从此，一颗仇恨的种子便在聂政的心中生长，刺杀韩王、为父报仇变成了聂政活着的最大动机。

为了报仇，聂政选择了成为一名刺客，每日练剑习武，并用一个泥瓦匠的身份作为掩护，终于顺利混入了韩国的宫殿。然而，事情进展并没有想象中顺利，聂政首次行刺，因为计划提前被韩王知道而宣告失败。幸好他武艺超群，最终顺利逃出了重重围困。传说他此后去了泰山，并且还拜了一位技艺高超的琴师为师，向其学习琴艺。艺成下山，他还是抱着刺杀韩王的志愿。只是此前他已经暴露了自己，再要接近韩王实在是难比登天。为了能够顺利地进入韩国宫殿,聂政遂漆身为厉,吞炭变其音,更有甚者,他还拔了自己的牙齿,改变容貌。

此时,已经是十年之后。

没有人能够认出聂政,于是他再次来到韩国。当他在道边自顾自地弹琴时,观看者重重叠叠、难以胜数,就连那些马和牛听了也停驻下来。自此,聂政名声大噪,韩王遂宣旨让聂政入宫。十年磨一剑,聂政等的就是这个时候,经历了十年之前的刺杀事件,韩王变得更加谨慎小心,而宫中的防卫和检查也更加地严密,聂政为了避开侍卫的搜查,将利刃藏在了琴内。

十年的时间可以改变很多,这十年间,聂政并没有放弃剑术,而且琴艺青出于蓝而胜于蓝,同时在气质和心态上也变得更加宠辱不惊。从外表看来,他就是一个地道的琴师,决然不会有人认为他是一个刺客。

面对韩王,聂政显得气定神闲,或许他知道这是他这一生最后一次抚琴了,所以聂政终于弹出了他和其师傅一直追求的最高境界,整个韩国宫殿内,仙音缭绕,绕梁三日而不绝。韩王和卫士们,不管是精于琴艺还是五音不全者,都沉醉了进去。聂政仰天微笑,终于没有了任何牵挂,遂举剑向韩王刺去,猝不及防之下,韩王当场被刺死。

之后聂政的结局和《史记》中所记述的大同小异,死之前也是自残,让敌人莫可辨认。后世甚至还传有《聂政刺韩王曲》,成为千古绝响。从历史的记载上看,《琴操》中的聂政融合了豫让和聂政的双重事迹,乃是后人对于侠客的想象。

在聂政身死之后，韩国举国上下朝野震动。只是聂政的面容已毁无法辨识，于是韩国便向天下贴出了告示，声称只要有人能够告发杀死侠累的人的身份名字，便以千金相赠。

但是数十天过去了，依然没有查到蛛丝马迹。

终于，这个消息传到了聂政的姐姐聂荣的耳中，她抽泣地说道："这个人应该不是别人，很可能是我的弟弟，严仲子了解我的弟弟，莫非自己的猜想是真的？"于是，聂荣草草地收拾了一下行囊，便动身前往韩国都城。到了聂政停尸之处，发现那个人正是自己的弟弟。顾不着韩国上下的追凶计划，聂荣当即趴在了尸体之上痛哭失声，口中念念有词："这就是我的弟弟啊。"但是街上的人却很少抱以同情。其中还有人认为，聂政残酷地杀害了韩国的相国，举国上下都在搜捕他的亲人，弄清楚他的身份，看看他有没有后台。聂荣实在是太过大胆了，居然还敢冒天下之大不韪来认领尸体。

聂荣哪里不知道这些情况？只是她更加知道聂政之所以愿意承受侮辱，做一个卑贱的猪肉贩子，无非是因为老母亲健在，姐姐没有出嫁，他不可以对她们不管不顾。后来老母享尽天年驾鹤西去，自己也有了终身的依靠。聂政这才去兑现对严仲子的诺言。身为一个剑客，就要有士为知己者死的勇气，所以聂政选择了这条不归路。为了不连累自己，聂政不惜毁坏自己的面容，凄惨至极。如果自己还不知道感恩，选择明哲保身，则会永远埋没自己弟弟的名声。于是，聂荣高喊三声"天哪"后终于因为过度哀伤，随聂政而去。

聂政之死，加上其姐姐的大义凛然，让这对姐弟成为了乱世之中的一对奇葩，一时之间天下闻名。很快他们的名声便传到了其他国家，大家都认为，聂政固然侠气冲天、剑术超凡，但其姐姐也是巾帼不让须眉。

第五章

魏齐相争,魏国颓势渐露

危险的师兄

庞涓是魏国人，孙膑（孙膑原名已失传，是因为受了膑刑，所以世称其为孙膑）是齐国人，传说两人曾一同拜在鬼谷子门下。

鬼谷子是卫国人，是一位隐逸的高人，隐居在清溪鬼谷，自号鬼谷先生。他不像孔夫子那样整日为天下乱局忧心，也不像普通人那样为一餐一饮而焦虑。据传有人曾看见他出入云梦山修道采药，说他已经达到了辟谷（即不需吃东西也能长生）的境界，更有人说他早已打破轮回，可以隐形入云，又可以撒豆成兵。这些当然都是好事浮夸者的不实传言，不过从中至少可以看出两点：第一，他有高深莫测的本领；第二，他平日深居简出。正是这样，他给人造成神秘的印象，引来众多的猜测和传说。

此外，苏秦和张仪也是鬼谷子的学生。一般而言，学生的思想深受老师的影响，所以以学生反观老师可以得出这样的结论：

鬼谷子的学问大体应该在纵横术和兵法这两个相通的领域。

言归正传，说回孙膑、庞涓。孙、庞两人一道学兵法，每日吃饭读书都在一处，又时常谈及学习心得和未来梦想，感情日笃。不久，庞涓收到消息，说魏王正在四处纳贤，所以就决定去魏国看看能否得到魏王的赏识，一展所长。临别时，庞涓对孙膑说："若我在魏国得势，必定请奏魏王，邀师弟下山，一展抱负。"孙膑被庞涓的情谊感动了，洒泪与之话别。

几年过去了，庞涓凭借所学在魏国立稳脚跟，当上了上将军，统领当时战斗力最为强悍的魏武卒。庞涓从来都以吴起作为自己的榜样，希望能够建立吴起那样的军功。他也确有为将之才，在他的带领下，魏武卒打得魏国周围的小国全无还手之力。不多时，宋、卫、鲁、郑相继来魏国朝贡。

其实，庞涓比之吴起，稍有逊色。吴起不光是一代战神，还是一位政治改革家，所谓"文能提笔安天下，武能上马定乾坤"。吴起每次举兵，都不是着眼于一池一地，或是一时的胜败，他以魏国的发展为大局，从容制定进击退守的战略，故而最终能成就魏国霸业。

可是庞涓任将的时候，魏国的国君是魏惠王，即《孟子》中经常提到的梁惠王（战国时，魏国首都是大梁，所以魏通常也被称为梁）。当时魏国正处于一个非常奇妙的转折点上。一方面，经过文侯的改革变法，到武侯一代的蓄积壮大，魏国的国力已经达到了鼎盛；可是另一方面，文侯时那种积极进取的心气和志向早已被消磨殆尽，所以人才供给也出现了断层。这并非说魏国没有人才,而是对人才的利用不当,比如商鞅就是一个最好的例子:魏惠王非但没有重用商鞅,反倒白白把他送给了世仇秦国,这为日后秦国灭掉魏国、统一天下埋下了隐患。

庞涓没有吴起的深谋远虑,出兵打仗时的意图自然也不一样。吴起取得西河之地对于魏国抵挡秦国是有战略意义的,而庞涓出兵却只为成就个人功名,这就是曹操所痛恶的"慕虚名而处实祸"。

胜利的喜悦很容易叫人头脑发热,所以打了几个胜仗的庞涓在魏国资望飙升,上至国君,下至黎民,没有一个不把他视为魏国未来的希望所在。庞涓自己也对自己很满意。这时他又想起了还在深山随着师父学艺的师弟孙膑,于是向魏王举荐,又差人把消息告诉孙膑,让他来魏国投奔自己。

接到消息的孙膑一下子踌躇起来,久居深山,整日对着的是山间的日升月落,听的是溪唱虫鸣,数的是花草枯荣,他当然想要下山看看外面的世界到底变成了什么样子。可是他与庞涓不同,他对俗世功名并不那么热衷,而且自觉师父鬼谷子的学问手段还未能学全,所以突然要走,竟有些不舍。

经过一番思考,孙膑还是决定出山。怀着对新生活的热望,孙膑来到了师兄庞涓所在的魏国。几年不见的师兄弟两个都显得非常激动,少不了谈及过去几年彼此的生活,更少不了在暗中考校彼此的学问有无长进。双方有问有答,庞涓惊奇地发现,这位孙师弟的学问成就竟然远远地将自己甩在后面了——难道这真是"肉食者鄙",自己被过于舒适的生活和俗世的享乐腐蚀、禁锢了？越想越害怕，不仅是因为自己学问的停滞不前，更害怕孙膑将凭其才学获得魏王的宠信，取代自己在魏国的地位，那么他庞涓多年以来的奋斗就要化为乌有了。

人的心理真的很奇怪，很难用理性分析，因为很多时候人们所想的不是将蛋糕做大，而是一心只想着自己必须分到那块最大的蛋糕，由此引发了无数的明争暗斗。庞涓并没有吴起、翟璜那样的胸襟，他首先不是忠于自己献身的事业，而是忠于自己的功名。假若孙膑能够与自己一起辅佐魏王，何愁霸业不成？将来即使后人回顾他们这一代的历史时，即使不把庞涓看作是最耀眼的一颗明星，也必将尊之为一代名臣而彪炳史册。可是庞涓根本不会从这个角度来看问题，他看到的只是个人的升降荣辱。孙膑的出现，就像是一桶自天而降的冷水，将庞涓从沉浸已久的千秋大梦中浇醒过来，让他发现，他这个"魏国第一将"的位置远非自己想象的那么安稳。

夜凉如水，庞涓在床上辗转反侧，始终未能成眠。月亮升入中天，皎洁无瑕，可是空灵干净的月光却无法照亮庞涓那饱受折磨的内心，也没法舒展他纠结缠绕的双眉。可是不久，庞涓就一脸幸福平静地合上了眼睛，渐渐地还发出了有节奏的鼾声。因为，他心里已经有了计较。

不久，还在幻想着拜官封爵、决战沙场的孙膑就给人抓进了大牢。在他被带走的那一刻，完全不知道到底发生了什么事。耳朵里嗡嗡直响，只能隐隐约约、断断续续地听到什么"通敌卖国"。"我没有啊，我没有卖国，更没有通敌，我刚刚下山，到哪里去卖国？到哪里去通敌？庞师兄呢？他为什么不出现，为什么不来见我？"所有的疑问都没有答案。回答孙膑的只是绳索、皮鞭、针、烙铁，还有一把锋快的小刀。孙膑久居深山、未经世事的白净脸蛋给黥上了屈辱的字迹，他那双还未在苍茫大地上奔跑飞驰的双腿也给剜去了膝盖骨。不知道在他受刑惨叫的时候，那个曾经的师兄庞涓是站在一旁看着冷笑，还是躲在隔壁失声痛哭？这都是历史的尘埃了。

"膑至，庞涓恐其贤于己，疾之，则以法刑断其两足而黥之，欲隐勿见。"这是《史记·孙子吴起列传》的说法。太史公没有说明庞涓到底给孙膑安了什么罪名，但一般都认为是通敌之罪。通哪国的敌呢？孙膑是齐国人，所以应该是私通齐国。这本是子虚乌有，凭空杜撰，血口喷人，但最后孙膑真的去了齐国，或者这是天命？

按说，庞涓应该杀了孙膑，以绝后患，为什么只是施之以膑刑，让他成为残废呢？有人说，这是按照魏国法律，孙膑罪不至死。这种说法并不可靠，因为在那个征伐无度、人人自危的战国时代，通敌是何等重大的罪名？既然已经通了敌，那么魏王的心里一定是想杀孙膑的，他之所以未能如愿，是因为有人替孙膑求情。

可是，孙膑在魏国人生地不熟，谁会为他求情呢？不错，这个人一定就是庞涓！都说"送佛送到西，害人害到底"，庞涓留下孙膑一条命，就不怕日后遭到报复吗？有人说，庞涓之所以为孙膑求情，是因为想从他的口中套出孙家家传的《孙子兵法》。

不过《孙子兵法》并非武侠小说里的武功秘籍,必须"藏之深山以待有缘",阅读它应该不是少数人的专利,因为很明显吴起的《吴子》就受到了《孙子兵法》的影响——既然吴起看得,庞涓又为什么看不得?所以,这种说法并不能叫人满意。唯一合理的解释就是,庞涓已经被嫉妒折磨得有些心理变态了。庞涓不想让孙膑风风光光地活,也不能忍受他痛痛快快地死,他要让孙膑像一只狗一样满身污泥地活,看看先前那个侃侃而谈的翩翩佳公子还如何纵论天下大势!庞涓要折辱孙膑,要打掉孙膑看向他时眼睛里流露出来的轻蔑——其实这多半可能只是他自己的想象,要打掉他的希望,让他永远地活在痛苦之中。

"人固有一死,或轻于鸿毛,或重于泰山",假若孙膑就此自杀,那么死去的不过是一个"有罪"之人,不会留下任何痕迹。孙膑当然也曾想过一死了之,可是想通了这一层,他就决定要活下去,不光是要复仇,还要燃烧生命,让世人知道他孙膑曾在人间存在过。孙膑于是在牢里装疯卖傻,在猪圈里翻滚跌爬,甚至故意在庞涓面前吃下猪粪,让他觉得自己真的受不住打击而彻底疯狂。

以为孙膑真的疯了,所以庞涓渐渐地把孙膑当作是一个死人,放松了警惕,不再管他了。终于让孙膑抓住机会,随着来魏国出使的齐国使节一同逃往齐国。

传说,在孙膑出山之前,宠爱他的师父鬼谷子让孙膑去山中摘一朵花回来,并以此为他卜上一卦。其时秋风萧瑟,百花凋零,孙膑最终只找来一枝插在瓶子里的菊花。鬼谷子手捧此花,

北冥图卷 明 周臣

（接上页）北冥图卷　明　周臣

沉吟良久后说道:"此花已不新鲜,花瓣、花萼都有折损,不过它能坚持到这一刻,说明它经得起风霜。你此番下山,就如此花一样,虽有苦难,但终能化险为夷,你且将此花插入瓶中,那么你最后也必定返回母国齐国,在那里成就一番事业。"

这当然是后人的附会,不足为信。

赛马场上的机会

来到齐国后,孙膑见到了大将军田忌。几番交谈,田忌对孙膑早已佩服得五体投地,于是拜之为上宾,请孙膑留在自己家里。

换上了干净整洁的衣裳,孙膑颇有再世为人的感觉。以前,这些东西虽好,但他孙膑却好似像并不能真正体验到似的,但经过了这次劫难,他更加懂得珍惜。孙膑暗暗发誓,有生之年决不让自己再重蹈覆辙,决不让别人再有机会主宰自己的生死,他要自己决定自己的命运!首先,他要见到齐国的当家人——锐意图强的齐威王。

善于观察的孙膑发现,齐国的贵族有一个共同的爱好,那就是赛马。大将军田忌是一个狂热的赛马迷,而与他"马战"的往往就是齐威王。齐威王是齐国的君主,所以他的马厩里养着的宝马是从整个齐国千挑万选出来的。余下的贵族公子、王公大臣所养之马也是千里挑一，但总是捡齐威王的"漏儿"，所以他们的马的素质没法与齐威王的宝驹相提并论。

可以想见，刨去临场发挥等偶发性因素，田忌与齐威王赛马肯定是有败无胜，即使加上这些因素，也不过是败多胜少。每次赛马，田忌都押下大笔的黄金，假如对方是齐威王，那么这些黄金恐怕就要有去无回。不过，虽明知要输，田忌却乐此不疲。

经过仔细观察，孙膑发现，齐国的赛马有着特定的规则，那就是参加比赛的双方要连赛三场，最后胜出场数多的那位为胜者。心里一番筹算，孙膑已经有了计较，于是鼓动田忌再去与齐威王赛一场，并声称自己有办法确保田忌的胜利。田忌对孙膑自然是信心十足，于是摆明车马，邀齐威王再战。

田忌与威王各出上中下三个档次的三匹马一较高下。在以往的较量中，田忌的上等马对阵威王的上等马，中等马对阵对方的中等马，下等马对阵对方的下等马。可以想见，威王的下等马乃是相对于威王的上等马和中等马来说的，若论其素质，则绝对是齐国下等马中的上等马。同理，威王的上等马和中等马也远胜"同侪"。所以上等对上等、中等对中等、下等对下等这样硬拼实力的办法总叫田忌乖乖地将金子送进威王的腰包。

兵法不光可以用之于战场，也可以用之于赛马场。孙膑的办法是先用田忌的下等马来对阵威王的上等马。不用说，这场田忌输定了。不过接下来的情况就是，田忌的上等马对阵威王的中等马，而其中等马则对阵威王的下等马。虽说威王的马其平均素质远高于他人的马匹，但中等马始终是中等马，根本难以与上等马争锋，而下等马始终是下等马，也不足以在中等马面前逞威。可以想见，最终田忌连扳两局，以总分二比一取胜。

说白了，孙膑的办法不过是这八个字："以己之长，对敌之短。"不过，要将这个办法应用自如，第一个考校的却不是主帅的智谋，而是胸襟。若鼠肚鸡肠，则在意的不是大局，而是一时一地的得失成败，那么也就鼓不起壮士断腕的勇气——因为"第一局"注定是要输的，甚至在很多地方都要做出必要的让步与牺牲。赛马场之上，规则已定，局势分明，还比较容易做出决断；战场之上，无所不用其极，时刻风云变幻，怎么能够想清楚，此刻的让步能否换得最终的胜利？到时候如果输了，那么输的将不是金子和面子，而是人的性命，是宗庙的安全，百姓的福祉！所以为将者除了要有过人的胸襟之外，还必须有聪明的"耳目"，要清楚判断敌我之间的军力部署，还是回到孙子那句至理名言——知己知彼，百战不殆。

马儿已经跑完了，一切尘埃落定，看台上原本以为自己会胜利的齐威王没想到竟输了，于是召田忌过来问个清楚，这一问，就把孙膑问了出来。和田忌一样，威王很快就被孙膑的才学所倾倒，将之奉为老师。

虽说输了马，但却得了一个军事奇才，齐威王这次可谓赚了个盆满钵满。从头再看，齐威王这一朝将相里，邹忌是通过"鼓瑟弹琴"而得到重用的，淳于髡是通过说笑话而得到威王的赏识的，而孙膑则是通过赛马进入威王的视线……

由此可知，齐威王的私生活是多么丰富！这也难怪，因为齐国确实根基深厚，既富且强，早在齐桓公设置稷下学宫以来，就文武并治，工商发达。不过，"自古英雄多磨难，从来纨绔少伟男"，一个人的成长是这样，一个国家又何尝不是如此？齐威王好玩乐，虽能及时采纳谏臣的正确意见，却少了一股狠劲儿，一个认真的执念，所以终究不能整饬乾坤，做出根本的变革。所以他对于麾下的孙膑等人，也只能做到"能用而不能尽"，使他们纵怀有盖世的才华，也终究未能成就盖世的功业。当然，这都是后话了。而对于此时的孙膑来说，最重要最迫切的事并不是帮着齐国称霸，而是向庞涓复仇，一雪前耻。

他很快就等到了一个机会。

围魏救赵

公元前354年,庞涓率领魏武卒攻打赵国。赵国形势危急,于是向齐国求救。此前,虽未经过会盟,但魏国已隐隐有了霸主的地位,若任由庞涓这么打下去,万一将赵国吞灭,再整顿兵马收服韩国,重复当年三晋合一的盛况,那么齐国也就不用再做统一天下的大梦了,直接向魏国俯首称臣算了。

所以齐国这次必须出兵救赵,问题在于该选谁作为此次出征的主将。齐威王想到了孙膑,以小观大,已知其才,更何况他是兵圣孙武子的嫡脉子孙,家学渊源,相信有他出战,定然能够狠狠地教训魏国人。

不过孙膑却推掉了主将一职,他说:"我是受过刑的废人,如何能做主帅?"言辞淡漠而听来叫人心痛。威王无奈,只好命田忌挂帅出征,而孙膑就做了田忌的军师。看来,"军师"这个词在普通大众的脑海中勾起的形象,除了诸葛亮,最早其实能够追溯到战国时的孙膑。由于被剜去膝盖骨,孙膑没法像其他将领那样立在战车之上,更不能骑马,只好安坐于辎车之上。可以想见,其他人都是一身甲胄,唯有孙膑是长袍大袖的儒冠儒服,潇洒又自在。苏轼赞叹周瑜的那一句"谈笑间,樯橹灰飞烟灭"用来说孙膑也算合适。

主帅田忌想要驱兵入赵,寻上庞涓率领的魏武卒主力一决雌雄。但是他的想法被孙膑否定了:"丝线缠作一团,想要解开它,就不能不顾起止头尾地胡乱撕扯;两伙人打起架来,想要止戈劝和,就不能跃上战场亲身搏斗,这只会使事情越来越乱。假如能够找到纷繁乱象背后的要旨,再认清和控制形势,自然而然就能将矛盾解除,达到我们的目的。如今庞涓率魏军的精锐苦战在外,那么留在魏国的大梁城戍守的必然都是些老弱病残。我们不如批亢捣虚,迅速挺进大梁,同时派人北上,将大梁被围的消息放给庞涓听,那么他必然会放弃攻打赵国而回兵自救,如此岂非解了赵国之围?"

其实,孙膑的做法和象棋中的以攻对攻的路数是十分相似的。只不过下象棋时是"先下手为强",快上一步就能够取得主动,把对方将死。而齐、魏之间的斗争却是"后发先至"——相较于魏国攻打赵国的国都邯郸,齐军围困魏国的都城大梁明显在行动上落后于魏军——后来者占据主动,因为齐国是博弈双方(赵、魏)之外的第三国!

而且,孙膑的做法不仅是聪明的做法,还是唯一能够取胜的做法。若按着田忌所想,驱兵入赵,那么齐军长途奔袭,到达邯郸城外时必定已是疲惫不堪，而赵军由于困城日久，也不是生力之军。这时候，齐、赵虽能够夹击魏军于城下，但他们要面对的可是吴起一手训练出来，几十年未尝败绩的魏武卒，那时鹿死谁手也就难以知晓了。

进军大梁则不然，"攻守之势易也"，变成了齐军以逸待劳，而魏军则是劳师远征。有心算无心，有准备对没准备或少准备，魏军定然会吃败仗。

果然，这一切全让孙膑给算中了。风风火火赶回来的魏军，在通往大梁城的必经之路桂陵遭遇了齐军的伏击，全军覆没，只有庞涓一个人逃出生天，衣衫不整、落魄如丧家之犬地回了大梁城。

一棵树的预言

失败的阴影始终笼罩着上将军庞涓，就算他在战场上取得再多的胜利，人们都只会把他当作孙膑的手下败将。所以，他不断取得的军功不过是为了衬托孙膑，为孙膑难测的智谋和超卓的指挥添加注脚。

庞涓在等，等着再次与孙膑在战场相遇，然后将他击败，用他的鲜血来洗刷那个刻在他心里的"败"字。只可惜孙膑并不是庞涓，他不会为了自己的利益、为了个人的私仇而四处征战，让那些年轻的兵士为了他而死在空旷、冰冷的战场。事实上，即使孙膑有这个心思，最终也未必能够举兵伐魏，他在齐国的影响力也远远比不上庞涓在魏国的影响力，因为聪敏有决断的齐威王并非那个糊里糊涂、毫无主见的魏惠王可比。所以庞涓这一等就等了十三年。山水有相逢，这对师兄弟的鬓角都已渐染风霜。

这世上没有永远的朋友，也没有永远的敌人，只有永远的利益。所以，十三年前尚为死敌的赵、魏两家现在和好了，而且还会兵一处，一起进攻韩国。赵、魏联军兵强马壮，他们齐声在韩国都城新郑外面叫骂。

此时，秦国正处于历史关头，商鞅正在秦地主持变法，根本无暇插手三晋内部的争斗；楚国人也无心思来管那些向来视他们为蛮夷的中原人之间的恶斗和杀戮；燕国是一个小国，与三晋和强国齐国各有摩擦，多次被对方攻入都城，就算想劝架也没有人肯听。不消说，剩下的只有一个齐国了。果然，韩国重新走了十三年前赵国走过的路：向齐国求救。

关于救还是不救的问题，齐国朝堂分为三种意见。其一以相国邹忌为代表，他们"老成谋国"，认为多一事不如少一事，不必蹚三晋这浑水。其二以邹忌的政敌、大将军田忌为代表，这一派多是热血蓬勃、渴望立功的军官，他们主张立刻发兵救韩，彰显国威。持第三种意见的人只有一个，那就是军师孙膑。孙膑既不同意邹忌等人见死不救的短视行为，因为这样做等同于向天下宣告，齐国已经"放弃"了三晋，也不同意让田忌等人立刻发兵的意见，"救是一定要救的，只不过我们不需着急，让他们先互相耗着，最终占得便宜的肯定是我们！"这大概就是孙膑当时心中的想法。

"臣以为，救韩之事势在必行，否则没有了韩国的牵制，魏国将更加骄狂难伏，而赵国因为一直以来都是内政不稳，所以根本没有能力抵挡魏国的铁甲雄狮。到时候，十三年前那种时刻担心魏国称霸天下的噩梦就要重新上演。不过，若是过早地出兵救韩,那么齐国的子弟兵就要在战争最残酷、最容易牺牲的时候投入战场。"若说孙膑是俞伯牙,那么齐威王就是知音钟子期。所以当苦候在宫门外等待消息的韩国使节再次朝见威王的时候,威王只是支支吾吾,顾左右而言他地看着韩使在那干着急。

就这样,在韩使在新郑和临淄两城往返数次之后,齐国终于答应出兵,因为韩国国君已经做出了决定:击退赵、魏联军后,韩国会做齐国的附属国。

齐国于是出兵,主将仍为田忌,而孙膑仍任军师。这一次,孙膑已经下定决心,要彻底解决他和庞涓之间的恩怨。

孙膑的办法和十三年前一样,还是趁魏国精锐纠缠于韩国之际驱兵"直走大梁"。不过庞涓这次已经吸取了上次的教训,他早就盯着这边的情形,所以齐军刚刚越过魏国的边境,他就率领着统御多年的魏武卒急行军往回赶。

包括田忌在内,所有人心里都有一个疑问——庞涓这次还会上当吗?孙膑却充满信心。

一路追来,庞涓发现了一个奇怪的现象,那就是齐军留在身后的起火的土灶越来越少:第一天还有十万个土灶,到了第二天就只剩下五万个了,而第三天,庞涓只发现了少得可怜的两万个土灶。

"胆小的齐军终于开始溃逃了吗?吃不得苦的齐国人啊。孙膑,你这次就要毁在你的这帮老乡手里!"于是,卷绕涓舍弃步履缓慢的重甲步兵,只带着数量有限——当然多于齐军的"两万人"——的轻装精锐继续穷追。不过黄昏时,当他们走到马陵道,庞涓突然意识到事情有所不妙。马陵道是一个狭窄的山谷,两旁是危岩险隘,"难道齐军会在此处埋伏?"正踌躇间,有兵士报告在前面道上发现一段巨木,好像还给剥了树皮,非常奇怪。

庞涓举起火把,一步步走到那段巨木之前,隐隐约约感觉剥下树皮的那一块地方好像刻有字迹,移近火把一照:"庞涓死于此树……"还未读完,耳朵里一下灌满了箭矢破弦之声,那些跟着他南征北战的兵士一个个倒下去了。眼见败局已定的庞涓,最后愤愧自杀,一代枭雄就此身亡。

马陵之战流传下来孙膑一句著名的兵学格言:

"兵法,百里而趣(趋)利者蹶上将,五十里而趣利者军半至。"看来做什么事都急不得。未知身在地下的庞涓能否摆脱那种紧张和"兴奋"而获得一种真正的平静呢?过去的一切都随着他那一剑结束了,孙膑也不再是过去的孙膑,对这一切都感觉厌倦,后来终于因为不想再参与田忌和邹忌的内斗,而退居世外,著写兵书。

庞涓战死,随他而来的魏武卒精锐也所剩无几,魏国这个战国初期唯一的超级大国就此衰颓下去,而战胜魏国的齐国也并未能长久地保持住霸主的地位,魏、齐的光芒黯淡下去。

孟子的失败面试

公元前370年，魏惠王继位。为了争夺国君之位，魏惠王曾与他的兄弟展开了一场惊心动魄的角逐。

战国纷乱的一个原因是，各个国家总是趁别国出现内乱时横加干预，妄图彻底摧毁他国争雄天下的实力。在魏惠王争夺国君之位期间，韩、赵等国曾试图分裂魏国，终因意见不合，计划破灭。

还没当上国君，国家就遭遇内忧外患，魏惠王在争夺大战中得到历练，继位后他能够在错综复杂的国际环境中站稳脚跟，险中求安，败中取胜，与此不无关系。

掌握国家大权后，魏惠王依仗国家实力和军中大将，多次打败秦国。而秦献公为了祖上基业坚持抗击魏国，尽管败多胜少，还是打了几场漂亮的胜仗。秦献公死后，接替他掌管秦国大政的是秦孝公。

秦国的北方和西方是少数民族部落，南方是蜀、巴等小国，东方是强大的魏国。当时对秦国威胁最大的国家是魏，在与魏的战争中，秦国战败的次数最多。为了打败魏国，掌握大权后的秦孝公颁布求贤令，不惜以重金高位寻觅能人辅助，以增强国家的实力。这时，商鞅来到了秦国，秦国经商鞅变法后，日益国强民富，并且多次将魏国打败，秦孝公很欣慰。

接连被秦国打败几次后，魏惠王知道魏国的国力已经逐渐衰弱，其他国家在魏国衰弱的时候却越来越强，形势不容乐观。既然秦国变法后国力越来越强，魏国也不妨照此方法，于是魏惠王积极发布求贤令，以卑辞厚礼招纳贤才。

魏国招纳贤才之时，秦孝公已经死了。失去了秦孝公的保护，变法中一再触犯贵族利益的商鞅顿时成为众矢之的。新任国君乃当时被商鞅羞辱的太子，其对商鞅早已恨之入骨，因此他即位后立马要将商鞅治罪，以报昔日羞辱之仇。失去靠山的商鞅只好逃到魏国，魏人却因恼恨商鞅奸诈，不肯收留。

曾经的魏惠王有眼无珠，致使商鞅这样一个也许会改变魏国命运的人才流失。若干年后，魏惠王仍然不能破除常规，又一次与商鞅失之交臂。上天抛给魏国两次机会，魏惠王都没有把握住，实在令人惋惜。

因为不敢破除常规，魏惠王招纳的都是深受传统思想影响的人才，例如邹衍、淳于髡和孟轲等。孟轲是儒学大师，儒学强调的是仁政，缺乏攻击力，其在治世可以稳定人心，在乱世却无法成就大业。

战国时期，各国兼并战争不断，这时最能发挥作用的思想是法家思想。秦孝公重用法家人物商鞅，短短十多年就使疲弱的秦国一跃成为强横的大国，令诸国国君心生艳羡。

召见孟轲时，魏惠王先诉说一通屈辱的历史，接着回想昔日的魏国与现在的差距。魏惠王的意思是，他无德无能，到了晚年军队屡次受挫，结果太子被俘，主将战死，国家一蹶不振。

惠王接着问道："老先生不远千里而来，不知能给我的国家带来什么利益？"

孟轲听魏惠王如此说，便答道："大王您为何张口就要利益，有足够的仁义不就够了吗？如果一国的君主只说为国家谋求利益，士大夫只说为自己家谋利益，而士民百姓所说的也只是怎样让自己获得利益，如果一个国家的人们上上下下都追逐利益，这个国家就会面临危险。懂得仁爱之人就不会抛弃亲人，忠义之人自然会将国君放在心里。"

魏惠王点头称是。

孟轲重视仁德，讲求正义，如果不是处在纷乱的战国，凭借他的才气一定会获得明主的赏识，一展胸中韬略。然而，此时的战国却不需要这样的人才，孟轲生不逢时，才大难为用，真是可悲！

战国是讲求实力的时代，如果一个国家不能抵抗外来威胁，进行自我保护，无论将儒学做得多好，也不会获得长久的发展。遭遇多位国君拒绝后的孟轲说话不再咄咄逼人，而是给国君留一点点情面。孟轲说，身为国君，不应该一味地追求利益，而要讲求仁义道德。因为国君是国民的表率，如果国君是追名逐利之辈，士大夫必然是；如果士大夫只管追求利益，百姓学习士大夫，也只以自我利益为中心。如果人人都以自我利益为中心，只为自己，不管他人死活，社会秩序一定会失调，国家必然大乱。如果国家发生暴乱，国君之位就无法保存。

孟轲的话并不合魏惠王心意，所以魏惠王没有接受孟轲的建议。

魏惠王早年英明神武，为国家开疆辟土，何等风光；到晚年，他已经跟不上时代的步伐，被后进商鞅赶超，与其说是性格使然，不如说是历史使然。

第六章

秦孝公求贤与商鞅变法

公子连返乡记

就在东方各诸侯国争相变法，不断强大时。历史似乎将秦国遗忘了，这个蜗居在西北苦寒之地的民族，一直受着魏国和匈奴部落的双重压力，特别是在魏文侯之时，李悝变法、吴起练兵、西门豹治国，魏国的中央集权得到了极大的加强，秦军在吴起的打击下，不断丧师失地。秦国只剩下陇山以东、洛河以西、秦岭以北的渭河平原，土地狭小。而另一方的魏国，则一直表现出咄咄逼人的气势，眼看着秦国就有被灭亡的危险。

秦国的出路在哪里？公子连如是问道。

面对魏国的蓬勃发展和秦国的困顿低迷，公子连并没有"不在其位、不谋其政"，而是受到了极大的刺激。

遥望西北，多少年前还是公子连的乐土。小时候，其父亲秦灵公给公子连取名为师隰，对其十分爱护。只可惜天不遂人愿，正当公子连以为自己即将名正言顺地继承国君之位时，秦灵公竟然突然死去了。那一年是公元前424年。

公子连还来不及反应，其叔叔秦简公便将君主大位抢了过去。此时的公子连，只有区区十岁，但却是秦简公心中的大敌。为了免于遭受不测，公子连在一批忠臣的帮助下逃到了魏国避难。这一去，便是长达二十九年的亡命天涯，其间的艰辛，不足为外人道也。

之所以能够在魏国和秦国秦简公的双重压迫中生存下来，是因为在公子连一直有夺回君主大位的决心。

另一方面，于魏国而言，公子连是秦国曾经的储君，只是因为叔叔篡位而被废，因而在政治上有着很高的利用价值，所以魏国在物质条件上，给予公子连优厚的待遇。

公子连趁着被困的时间，努力学习魏国的强国之道，同时还密切关注着秦国和国际的局势变化，只等有朝一日时机成熟，夺回原本属于自己的一切。

公元前385年，秦简公去世，把一片江山交给了自己儿子秦惠公，不久之后，秦惠公也去世，秦简公才两岁的孙子秦出子坐上了秦国国君的位置。此时的秦国，把持朝政的不是别人，正是秦出子的母亲。只是这个女人并不善于治理国家，在她当政之时，大肆重用宦官和外戚。秦国老贵族与之爆发了激烈的矛盾，由此使得整个秦国的内政极其紧张。为了缓和这种紧张的局势，秦出子的母亲只能用赏赐去麻痹他们，这样一来，矛盾虽然有所缓和，秦国的国库却就此一贫如洗。

秦出子之母又想出了依靠加重地主和自耕农的税收来维持国

库支出的办法。她没有料到,这样一来,秦国的矛盾更加扩大,眼看着她的统治陷入了岌岌可危的境地。

前文中提到,魏文侯逝世,其子魏武侯即位;在魏武侯的雄才大略下,魏国的发展到了另外一个高度。甚至齐国田和也是依靠魏武侯,才得到了周天子名义上的认可。这样一来,魏国和齐国的关系得到了很大的缓和,三晋之地内部却爆发了一系列的矛盾。赵国将都城迁到了邯郸,因为此前的中牟特别容易受到魏国的攻击,到了邯郸,赵国的防守便上了一个台阶。

有人不禁疑问,此前三晋不是团结一致,到处征伐,甚至一度让天下群雄为之束手吗?何以现在会相互防范、兵戎相见呢?原来,在三晋联军多次打败齐国、楚国、郑国、宋国等国家之时,由于赵国在北方,被秦国、韩国和魏国包围,好处都让韩国和魏国给占了,赵国只是为他人做了嫁衣,这让赵国的心理出现了很大的不平衡。

更让赵国气愤的是,魏国对赵国南进中原的进程,处处设置障碍。无奈之下,赵敬侯决定迁都。赵国将都城迁到邯郸后,魏国便开始担忧。因为这时赵敬侯第一个要打击的对象,就是和魏国亲厚的卫国。

此时的吴起由于公叔的陷害,已经逃到了楚国,做了楚国的令尹。

赵国抓住这个机会,加紧和吴起的联系,并且实现了赵国和楚国的联合,对魏国占领的大梁形成了南北夹击之势。为了彻底让魏国陷入被动,赵国与楚国还一起加紧了和西方秦国的联系,霎时间，魏国陷入了三面受敌的境地，这种局面几乎是魏文侯以来最不利的。

为了打破这种被动挨打的局势，魏武侯决意颠覆秦国政权。魏武侯明白，依靠自己手中的那一张底牌，加上魏国的国力，要颠覆秦国政权，不是没有可能。但是要想彻底地灭掉秦国，绝不是一件易事。

于是，魏武侯决定运用手中的那一张王牌——公子连。其实运用的方式很简单，就是将公子连送回秦国，在沿途给予他必要的保护。按照魏武侯的计划，只要公子连在魏国的帮助下能够夺取秦国君主之位，一个亲厚魏国的政府便会就此建立。退一万步说，即使夺权不成功，秦国也必定会大乱一场，失去东进的精力。对于魏国而言，可谓有百利而无一害。

在此之前，魏武侯还和公子连进行了沟通，他要公子连心甘情愿地回去，要他对自己怀有感激之情；要和公子连做好计划，以便能够顺利夺取秦国的君主大位。只是公子连并不像魏武侯想象的那样简单，因为他深知，魏武侯之所以让他回去，决然不是为了什么打抱不平，而是完全为了魏国的利益。

此刻如果公子连毫不犹豫便答应回国，则自己就会被魏国利用。如果借着魏国的威势回国，秦国和魏国连连战争，自己必定会受到秦国人的排挤。即使自己在魏国的支持下，能够顺利取得国君之位，在今后的执政过程中，也必然处处受到魏国的制约，自己就会失去一个国君应该有的自由和尊严。而秦国一旦被魏国所制，必然会面临很多的困境。

对自己和国家都不利的事情，公子连需要认真地思考。

思考过后，公子连最终决定给魏武侯来一个缓兵之计。他首先感谢魏武侯及上代魏国国君的悉心照顾，然后说明基于魏国国际局势比较紧张，魏武侯应接不暇，所以不愿意让魏国劳师。这就是说，他要利用自己独立的力量，回到自己的国家。魏武侯见公子连不愿意接受自己的帮助，也没有多做思考，只要达到了让公子连回国的目的，自己的预想就很可能实现，其他的都不重要了。当然，为了表示自己的诚意，魏武侯送了大量的金银珠宝和车马给公子连，同时还问他什么时候能够启程回国，自己也好准备给他践行的事情。

公子连当然不会答应立马就走，而推托说一年之后。公子连其实想利用这一年的时间，细细观察各方局势，同时还准备积极打点好各方势力。也亏了魏武侯的阴谋，让公子连回国夺权的计划被迫提前。

当时的秦国，已经有很多人和秦出子母亲不和，其中最有实力的当数朝中大臣。公子连首要拉拢的就是这些掌握秦国政权的人物。其次，则是联系那些新兴的地主阶级和自耕农，他们的实力虽然不足以颠覆秦国政权，但却是和秦出子利益冲突最大的群体。再次，公子连派遣了一大批能言善辩之人前去秦国，在街头巷尾发布将要施行新政的消息，其中主要涉及打击秦出子所重视的外戚和宦官，维护宫室人员、地主阶级及其他反抗秦出子母亲的统治阶级的利益。

在当时，最可靠的不是金钱，也不是名气，而是实力。而军队则是实力的最重要的体现。没有军队的支持，一切都只不过是空谈。所以公子连将自己此次拉拢的重点，放到了秦国军队的军事将领身上，同时还对那些豪杰义士给予优待，尽量用金钱让他们为自己服务。事实证明，公子连的做法是很正确的，在他的努力下，获取了秦国大多数人的支持。

这么多人站在了公子连的一方，一方面自然是因为公子连才是名正言顺的秦国君主；另一方面则是因为，秦国自秦简公开始，多少年以来，不但没有实现雄霸天下的宏图伟愿，反而在黑暗的统治下，朝政日益腐败，国力日渐衰弱，整个河西之地都被魏国占领了，秦国上下一片怨声载道。

秦出子时期，秦国的政治更加黑暗，如此下去，秦国很可能被魏国吞并。内忧外患之下，秦国每个国人都希望，能够出现一位雄才大略的君主，一改秦国政治上的黑暗、经济上的落后以及军事上的被动，带领秦国重新走向辉煌。秦国的大臣、地主阶级以及自耕农等都明白，秦国唯一的出路，便是着力推翻秦出子的统治，迎接公子连早日归来，在秦国推行新政。

一年之后，万事俱备，只欠东风，公子连只需要回到秦国，便很有可能夺回他失去的政权。于是，公子连走到了魏国的王宫，向魏武侯辞行。三十年来，魏国对公子连还算不错，尽管是出于政治目的。无论如何，公子连都需要感谢魏国的盛情款待。为了表示这种感谢，公子连向魏武侯发誓，如果自己能够成功夺回失去的权力，在他的有生之年，只要魏国不主动出击，秦国必然不会与魏国为敌。

这种说法看似真情实意，实际上则表现了公子连的一腔豪情和虎视天下的霸气。这让一向眼高于顶的魏武侯心中一震，或许自己放公子连回国等于放虎归山。只是开弓没有回头箭，魏武侯只能眼睁睁地看着一条搁浅在浅滩的龙，慢慢地回到属于他的大海。

重整河山

恰如公子连所料，一切都进行得很顺利。公元前385年，公子连终于回到了阔别近三十年的秦国故土。在河西地区，秦庶长菌改早就在那里等待，公子连归国采取的是大张旗鼓的方式。这样能够号召更多的人，名正言顺地回去夺权。

但公子连归国的消息很快就被秦出子之母知晓，于是，秦出子之母紧急调拨了大量的军队前去河西，准备在公子连尚未归来之时，便将之消灭。但是公子连早就预料到了秦出子之母会有此一招，所以在此之前，他就收买了这支军队的将领。整个军队，其实都已经投向了公子连，除此之外，秦国上下许多人听说公子连归来的消息后，皆前来迎接公子连。就这样，公子连兵不血刃便回到了秦国都城雍城，在军队和人民的簇拥下，公子连很快便将少数忠于秦出子母子之人一网打尽。公子连正式坐上了秦国国君之位，是为秦献公。

公子连终于实现了坐上国君大位的愿望,但是他富国强民、雄霸天下的最终政治理想,还远远没有实现。在具备了充足的实力之后,秦献公便开始了一系列改革。改革的第一步便是废黜人殉制度。秦国的人殉制度最先出现在三百年前的秦武公时期。那时,人们以人殉的数量来显示死去者的身份和地位。为此,秦国每年都有大批的青壮年奴隶被杀。此制度十分残忍,许多劳动力被杀,严重阻碍了秦国人口的增加,对秦国的农业生产十分不利。

正是基于人殉制度的这些弊端,秦献公改革的第一步便是废除了这种制度。自此之后,秦国大量的劳动力得以存活,投入了秦国百废待兴的大业当中,秦国的工商业和农业都获得了很大的发展,尤其是外来人员的流入,让秦国大批荒山得以开垦,田亩面积大大增加。秦国人殉制度的废除,代之以陶俑来殉葬,标志着秦国的封建制度建设迈出了关键性的一步。

改革必然会损害一部分人的利益,特别是在秦国都城雍城聚集的那些奴隶主阶级,他们为维护自己的利益,对秦献公的改革处处掣肘。秦献公大位初立,尚未立下尺寸之功,如果直接和奴隶主阶级爆发冲突,无异于自寻死路。秦献公之所以能够登上君主大位,全靠奴隶主贵族的支持,如果贸然和他们翻脸,必然会落人口实,认为他以怨报德。思量之下,秦献公决定将都城迁到秦国的东部,也就是接近河西之地的栎阳(今陕西西安阎良区之武屯乡)。秦孝公此举一方面可以摆脱奴隶主阶级的束缚,另一方面也是为了表明他收回河西之地的决心。

秦献公没有选择直接削弱奴隶主贵族权力的办法，而是加强了地主和自耕农阶级的实力。其方法就是历史上著名的初租禾。在秦献公的统治下，政府征收赋税的标准，不再是人口的多少，而是土地占有人的实际耕地面积。这样不仅使得国家的税收有所增加，促进了秦国的生产，也在法律上承认了地主阶级和自耕农的土地所有权。这一措施在秦国的西部地区受到了很大的抵制，而此时秦国的政治中心，早已经不是西边的雍城，而是东部的栎阳，栎阳的新兴地主阶级则大力支持改革。

很快，秦国奴隶主贵族手下的很多奴隶，迫于经济上无法忍受的压迫和剥削，不断地逃到了地主阶级这边。无可避免，奴隶主阶级和地主阶级之间的矛盾也必将越来越大。但是与占据国家政权、高官显位的奴隶主相比，地主阶级的实力明显处于弱势，所以在矛盾斗争中，地主阶级经常处于下风。这种情况继续下去，地主阶级必将采取极端的手段来维护自己的权益。

为了缓和这种局势，秦献公苦思冥想，最后决定大肆任用有才能的地主阶级代表来担任国家的重要职务，以提高他们的政治地位。同时，秦献公还颁布法令，允许自耕农和地主阶级在战争中斩获军功，以此来获取爵位。很多经济地位很高但政治地位低下的人，通过这种方式得以真正地走向社会的上层。一时之间，整个秦国上下充满了勃勃生机，秦军也通过这种方式，得以不断强大。

在提高地主和自耕农阶级的地位的同时，秦献公还采取了一系列措施稳住奴隶主阶级。其中最有效果的，便是和贵族势力中权力最大的家族结为姻亲关系。秦国的变法阻力逐渐减小,秦人也看到了富国强兵的希望。

在完成了稳定地主阶级和贵族阶级两大任务的同时,秦献公也着手进行一系列加强中央集权,发展秦国经济,控制秦国人口的措施,这些措施虽然大多数几乎照搬照抄自魏国,但是其在秦国的作用却是不容置疑的。

秦献公六年(公元前379年),蓝田、善、蒲、明氏等边境地区被秦献公改造成了县,县令由中央政府直接委派,这就将地方的权力收归了中央。秦献公得以控制更多的土地和人口。第二年,秦国建立起了市,用来发展和管理工商业,通过抽取营业税,秦国获取了更多的收入来源,国库一改往日的匮乏,变得充实起来。又过了三年,秦献公开始改革户籍制度,五户人家为一个单位,农忙时必须互相帮助,以保证农业的旱涝保收,农闲时则进行军事训练,以便在战争来临时,可以全民皆兵。一人犯法,五家与之同罪,这在很大程度上使得人人自危,极大地改善了秦国的社会治安状况。

秦国在秦献公的改革之下,国力大大增强。但是在一开始时,秦献公并没有急于和东方六国争夺霸权。反而是励精图治、厉兵秣马,任凭东方六国打得如何火热,秦国就是岿然不动。在这种情况下,秦国人对于收复河西之地,重现秦穆公之时的辉煌的愿望越来越强烈。与此同时,随着改革的深入,奴隶主阶级和地主阶级的矛盾也不断地凸显出来。

为了转移国内民众的视线,缓解地主阶级和奴隶主阶级之间日益激化的矛盾，秦献公在其晚年时，终于打破了当初对魏武侯的盟约之言，用战争的方式展示秦国的改革成果。

秦献公十九年（公元前366年），韩、魏两国兵临周天子封地，威胁周显王，秦献公抓住时机，找准这个借口，起兵勤王。韩魏联军与秦军在洛邑一线交战，韩、魏两军大败，被秦军斩杀了数万人马。这使得秦国在国际地位上获得了很大的提升。秦国很成功地将矛盾从人民内部转移到了国际之上。尝到了甜头的秦国，当然不会就此罢手，他们在西北的高地上虎视眈眈，一旦有机会，便会东出函谷关，参与中原的争霸大业。

当然，秦国首要的任务，就是夺取魏国的河西之地。当初迁都，就是为了表示这个决心。秦献公贵为秦国国君，必然会兑现当初的承诺，他一直等待的是成熟的时机。秦献公二十一年（公元前364年），秦军大举攻击魏国，在失去了吴起的情况下，魏国一败涂地，吴起所攻占的河西之地，全部重新落入了秦国的手中。秦军甚至一度到达了魏国的石门（今山西运城西南），斩杀了六万魏国军队，经此一战，秦国以前所未有的胜利者姿态重新站在历史舞台。秦献公将战争中所收获的领土，都封赏给了地主和旧贵族势力，双方的矛盾得到了缓和。只是秦献公没有料到，数年之后，一个名叫商鞅的人，彻底改变了这种现状。而今日为了缓和矛盾所分封的土地，也成了多年之后改革运动中的最大障碍之一。

当然，此时秦献公所获取的好处，是显而易见的。在秦献公获取了对魏战争的胜利之后，周显王赐予了秦献公"伯"（是霸主的意思）的称号，可谓名利双收。两年之后，秦国和魏国再次交战，这一次的战场在少梁。此次战争，魏国再次遭遇了惨败，甚至连魏国的相国公叔痤也被俘虏。不久，秦献公去世，即位的是秦孝公，轰轰烈烈的秦国变法就要开始了。

而远在东方的魏国似乎感觉到了危机的到来，在秦献公逝世的第二年，便将都城从山西的夏县迁到了河南的大梁。

少梁之战的胜利为秦国赢得了二十多年的稳定，毫无疑问，秦孝公获得了充足的时间去发展壮大秦国。于是，有人论道：秦孝公据殽函之固、拥雍州之地，君臣固守以窥周室，有席卷天下、包举宇内、囊括四海之意，并吞八方之心。

"劳苦功高"的法家

春秋战国是百家争鸣的时代,这个时代人才辈出,其中法家的崛起速度发人深省。作为法家的杰出代表,商鞅通过改革,使弱小的秦国一跃成为能与齐、楚抗衡,争雄于天下的大国,可谓劳苦功高。

乱世有一个优点,即可以不拘一格任用人才,这为贫寒子弟向上流动提供了道路。在战国时期,一个人只要有才华且有雄心壮志,就不会被埋没。商鞅早年由于没有遇上明主,所以郁郁不得志,差一点枉死在魏国。商鞅渴望使尽平生所学,立名于当世,立功于后世。所以,当他听说秦孝公为重振秦穆公的霸业而下令遍寻天下贤才时,商鞅毅然离开了让他彻底绝望的魏国,只身前赴当时还比较弱小的秦国。

商鞅本姓公孙,名叫鞅,他是卫国国君某姬妾所生之子,后来之所以被称为商鞅是因其在秦国封地的缘故。

秦国虽然弱小，地处偏远，但像商鞅这种名不见经传的小人物想见秦孝公一面也是很难。为了理想抱负，商鞅俯身低就求秦孝公的宠臣景监引荐自己。

第一次见到秦孝公，商鞅言辞恳恳，孝公却昏昏欲睡，没听进商鞅的一言半语。事后，秦孝公责备景监，说他推荐之人乃迂腐呆滞之徒。

景监也很无奈，这时商鞅再次求景监引荐，景监对商鞅还抱有一线希望，所以再次答应了商鞅的请求。第二次召见，秦孝公懵懵懂懂，觉得商鞅说得有理，但不合他的心意。景监被秦孝公责备后，将商鞅当作出气筒。商鞅说，他用称王之道开导秦孝公，但是秦孝公急于求成。事不过三，经过两次交谈，商鞅已经完全探知秦孝公的心愿，请求景监第三次引荐。秦孝公第三次召见商鞅，果如商鞅所料，他很信服商鞅的话。

原来秦孝公复业心急，复仇的心更加殷切，渴望在有生之年称霸中原，重振秦穆公的雄风。古语云，欲速则不达。欲成大事，而又想在短短的几十年内办成，唯有施行霸道。

后来，秦孝公召见商鞅几次，商鞅都用称霸之道开导秦孝公。秦孝公对霸道很痴迷，所以与商鞅交谈时，他会不知不觉移席靠近商鞅，不厌其烦地听其讲解。

法家注重的是刑罚之学，商鞅知道法家的弱点，即威严过重，缺少恩德。但诸侯国争战不断，商鞅久不得志，加之秦孝公诚心重用，他只能赌上一把，利用严刑峻法，在最短的时间内增强秦国国力。

面对疲弱的秦国，商鞅要辅助秦孝公称霸，力图一改旧貌，只能施行变法。但商鞅变革遭到了保守派甘龙和杜挚的反对。

商鞅告诉秦孝公，心思犹豫不决则必然拖累行动，如果行动不果敢，则必然劳而无功。见解高远的人不会拘泥于俗见，而见解独到的人也未必会得到众人的认可。愚昧的人不会事先谋划，即使事情成功了，他们也不明所以；相反，聪明人谋事于未萌，料事于未发，对前因后果清楚明了。

这一席话的意思是，拘泥于俗见的人并不值得与他们商议变革大事，因为他们只会遵循过去的礼法，不懂创造。

甘龙等老臣过于尊崇过去的礼法，认为流传下来的老规矩才是治理国家的良策。甘龙说，"圣人不会通过改变民俗来教育百姓，有智慧的人不会胡乱更改祖上礼法。顺应过去的民俗以教育百姓，不用劳神费心就能成功，沿袭祖上礼法治理国家，百姓的生活才会有序，行为才会有依据，天下才会安定。如果擅自变法，天下必然大乱。"甘龙是保守派，不仅不主张变法，还认为变法会带来不利的影响。

变法的确会损害一部分人的利益，遭到他们的反对，但如果安于现状，唯祖上之命是从，则只会守成，无法壮大国力。甘龙的观点并不符合历史发展的要求。

为反驳甘龙的观点，商鞅朗声说道："聪明人负责制定礼法，愚蠢的人不知变通，天生注定是被聪明人的礼法约束的命。贤能的人懂得因势变更法度，无能的人蠢笨如石，只会傻傻坚守，全然不知因时而变。"

这几句话，字字如利箭射中甘龙的要害，甘龙无言以对。商鞅话锋逼人，霸气凛然，老臣杜挚起身反驳。

杜挚的意思是，如果没有百倍的利益，最好不要贸然变更礼法；如果没有十倍的功效，最好不要更换国家旧器。坚守祖上礼法不会有过错，让百姓安于俗见不会出现偏漏。如果当冒失鬼，肆意妄为，难免扰乱天下。

杜挚的话不是没有道理，但如果只因惧怕变法会带来不利影响而一味排斥，势必会丧失变法的最佳时期。

面对这两个顽固派，商鞅越战越勇，他说道："治世不一道，便（变）国不法古。"这话的意思是，治理国家并没有亘古不变的礼法，只要有利于国家，旧的礼法是可以被超越的。

春秋五霸都是先经历国内变革才先后称霸，秦穆公称霸就得益于五羖大夫百里奚的辅助，最终成为一方霸主。秦孝公立志图强，苦无善策，商鞅才高志大，秦孝公自然极力支持。

两千年前的"真人秀"

在礼崩乐坏的战国时代,诸侯国以利相交,彼此毫无信誉可言。百姓遭受接连不断的战火,生活在水深火热之中,过着有今天不知明天的日子,他们渴求安定的生活。

百姓只求温饱,不能与商鞅等人谋划变革大事,但社会的变革最终要体现在百姓的日常生活当中,他们才是变革的最终承担者。如果国家脱离百姓,只有上层变革,那无论这个国家的上层如何先进,它都只是一只纸老虎。

商鞅意识到颁布新法如果得不到百姓的信任和支持,贯彻执行起来势必困难重重。在农耕社会,百姓是决定一个国家实力的重要因素。商鞅虽不相信人民的智慧,却相信人民的力量。为了保证新法在百姓中顺利地进行,商鞅认为必须取信于民。

为了取信于民,商鞅在秦国国都城南门立了一根三丈长的木头,下令说,只要有人搬木头到北门,国家赏赐十金作为报酬。

搬动一根三丈长的木头,赏赐十金,做这么小的一件事情却付如此高的酬劳,百姓初时并不相信。很多百姓站在城门外观望,不知商鞅葫芦里卖的什么药。观望者越来越多,却仍无人向前搬动木头,商鞅增加赏金到五十金。

作为智识超凡的大才,商鞅不仅对刑罚深有钻研,对人性更有一套独特的见解。大概而论,儒家信奉人性本善,要求朝廷不要肆意干预百姓,相信百姓会朝善的一面发展。与儒家不同,法家觉得人性本恶,认为百姓需要朝廷严加管理,否则人必趋向坏的一面。

当时,人皆趋利避害,很少有孟子所谓的"杀身成仁,舍生取义"。首先,经过春秋、战国之乱,作为人们行为准则的周礼已经彻底崩溃了。社会上层将周礼当作实现目的的幌子,社会下层直接视周礼如无物。为了生存,很多人都是苟且偷生,内在的道德观已经崩溃。

商鞅将赏金从十金增加到五十金,就是想以重利诱导百姓。重赏之下,必有勇夫,赏金加到五十金后,百姓人头攒动,三三五五,交头低声商议。人人跃跃欲试,但仍无人敢出来搬木头。就在大家议论纷纷的时候,人群里终于走出一个人,他说:"让我来试试。"说着他就把木头扛起来,将其搬到了北门。商鞅果真派人赏给那个扛木头的人五十两黄金。

这件事传开后,在秦国引起了轰动。老百姓都相信左庶长商鞅是个言而有信的人。

城门立木,只为取信于民。商鞅通过此事就是想告诉百姓,让他们相信朝廷。凡是朝廷颁发的诏令，一定言而有信，不问身份尊卑，对有功者必赏，对违法者必罚。

自古以来，"天子犯法，与庶民同罪"都是堂而皇之的谎言。百姓见商鞅做了一件很真实的事，更希望看到商鞅兑现诺言。

经过城门立木一事，百姓记住五十金，记住改革家商鞅，更记住朝廷一定言而有信。在信誉沦丧的战国，取信于民是众诸侯国最想做却最难做的事。商鞅在城门立木，一举赢得百姓的信任，破除百姓对朝廷的猜疑，为变法赢得了民众信任的基础。

宋朝的大变法家兼文人王安石，写了一首七绝，直接以"商鞅"为名，就是赞颂商鞅能够取信于民：

自古驱民在信诚，一言为重百金轻。

今人未可非商鞅，商鞅能令政必行。

《商鞅》既表达王安石对商鞅取信于民的敬服，也表示王安石自己渴望取信于民的殷切心情。王安石与商鞅这两位大改革家，仿佛超越历史时空的限制，使两颗改革的心灵相遇。

太子犯法，老师顶罪

得到民众的支持后，商鞅开始正式主持变法。

商鞅一共主持了两次变法，第一次变法主要包含以下内容：

第一，整理户籍，命令百姓十家编为一什，五家编为一伍，各家互相监视检举；如果有一家人犯法，十家连带治罪。

在农耕社会，百姓的多寡影响土地的开发程度。商鞅整理户籍，有助于管理秦国的人口。商鞅施行连坐法，让百姓互相监督，大大减少了犯罪行为。

第二，如果发现奸恶之人，隐瞒不报的人将被腰斩，告发之人受到的赏赐与上阵斩杀敌首同等，窝藏奸恶之人受到的惩处与投降敌人的人受到的同等。通过第二条法令，秦国就彻底灭除了奸恶之人生长的土壤。如果国家没有奸恶之人，百姓自然相安无事，努力发展生产。

第三，如果一户人家有两个壮丁不分家，他们家的赋税将要翻倍。商鞅强迫成年男子分家，目的就要他们自食其力，共同为发展秦国的生产奋斗。

经济实力是战争的支柱，战斗装备和战时后勤的补给全取决于经济实力。如果没有强大的经济实力，军事的发展就得不到有力的支持，国家自然无法扩张。

法令还规定，凡是致力于农业生产，增收粮食和增加布帛的，可以免除自身的劳役或者赋税；如果因从事工商业或者自身懒惰而导致贫穷的，他们的妻子都要被收为官奴。这条法令，将百姓的努力方向引向农耕，有利于促进农业发展。

第四，有军功的各按标准升爵受赏，没有军功的王族不能列入家族名册。如果私下斗殴，将按性质的恶劣程度受到不同程度的处罚。这条规定，将百姓的暴力引向战争，同时解除了王族的一部分特权，为百姓开辟了一条向上层社会升迁的道路。商鞅强调按军功授爵，激发了下层有才之人的斗志，为秦孝公招揽了大量人才。

第五，明确爵位尊卑。官吏按等级差别占有土地、房产，甚至家奴的衣裳和服饰也要按爵位尊卑穿戴。军功是百姓获得爵位的主要途径，为了鼓励百姓积极参军奋勇杀敌，商鞅仍然强调爵位的尊贵，这有利于提升有军功者的社会身份。

法令还特别规定，只有立下军功的人才能够享受社会的显赫荣耀，没有军功的人即使极富也不能享受社会荣耀。

第一次变法有三大作用，第一强调发展生产，增强国力，这体现在鼓励农耕政策上；第二强调建立军功，提升军人的社会地位，这是战争方略；第三强调维持社会稳定，杜绝犯罪，这是以严刑峻法的方式稳定社会秩序。

从变法的内容来看，变法很单调，处罚严苛，过于冒进，容易引起百姓不满。百姓懒散惯了，突然实施整理户籍和连坐法，他们深感不适应，虽然如此，威慑于商鞅的严刑峻法，百姓不敢多言议论，只能将不满往肚子里吞。

新法实施了一年多，百姓怨声载道，仅是国都就有一千多人非议新法。商鞅声威凛然，但也不敢轻易触动众怒，正当商鞅为新法的推行而焦虑时，太子触犯了新法。

变法缺乏威信，需要树立威信，正想杀鸡儆猴，有人偏偏在这个时候撞到刀口上，真是天助商鞅。商鞅告诉秦孝公，新法难以推行，因为上层随意冒犯，下层接连效仿，致使新法丧失威信。

城门立木树立了改革的信誉，商鞅需要再次惩罚高官，树立新法的威信。

触犯新法的是太子，太子是未来的国君，不能轻易施加刑罚。但是，如果不惩罚太子，就不能树立新法的威信。两难之际，商鞅采取一个折中的办法，处罚太子的监督官和老师，于是太子的老师公孙贾被处以墨刑。

墨刑就是用刀刺刻脸部，然后涂上墨汁。太子的老师遭到商鞅如此羞辱，太子自然痛恨商鞅，同时下层也因此事见识了商鞅的威严。

《史记》记载，"明日，秦人皆趋令"。意思是惩罚太子的监督者和老师后,秦国百姓都按新法令行事,可见商鞅这个改革家既坚决又果敢。

处罚太子的监督官和老师后,再没人敢非议和敢阻碍新法。反对的言论被压制后,新法顺利地推行开来。新法推行七年后,收到了明显的效果,户户家给人足,夜不闭户,道不拾遗,占山为王或者拦路抢劫的现象变得少之又少。

变法之后的秦国经济发展迅速,有足够的经济实力应对战争的消耗。更为重要的是,百姓勇敢作战,以私斗为耻。全国的暴力都藏在军队里,指向其他诸侯国,秦国国内则社会秩序安定,没有违法乱纪的事。

经过第一次变法,秦国走上了富强之路。

国家虽然富强,但社会仍处在高压政策之下,百姓很忌惮连坐法。生活在秦国,百姓必须事事小心,处处留神,不能说错话更不能做错事,仿佛头顶悬有一柄利剑。

经过几年的改革,原先非议新法的人获得利益后,开始鼓吹新法。商鞅听闻后,认为那些人会扰乱教化,于是将他们迁移到周边小城。

商鞅变法得到了秦孝公的大力支持,因此他能够大刀阔斧地改革。作为改革家,商鞅十分刚毅,敢想敢做,所以在推进改革的过程中触犯了很多人的利益。树敌太多注定了商鞅的悲剧结局。

第二次变法

秦孝公三年（公元前359年），商鞅被任命为左庶长，施行变法。秦孝公十年（公元前352年），商鞅又被提拔为大良造。大良造是秦国二十个等级爵位中的第十六级，可见秦孝公很倚重商鞅。

秦孝公改革的目的之一是战胜魏国。商鞅被提升为大良造后，在秦孝公的授意下亲自领兵攻打魏国，抢占其安邑（今山西夏县西北）地区。此次战役的规模虽然不大，但它向历史宣告：魏国已不再是秦国的对手。

秦孝公十二年（公元前350年），秦国迁都咸阳。咸阳在旧国都雍地的东面，此地占据山川之险的同时更加接近魏国。

此时的魏国仍然以强国自居，还未把秦国放在眼里。但变法后的秦国早已不是当年时常败于魏国的秦国了，秦国用十年的工夫积蓄力量，已经能够和魏国匹敌。

迁都咸阳后,为了火速超越并战胜魏国,商鞅开始施行第二次变法。

第二次变法是第一次变法的补充。变法仍然围绕国家利益,以打击落后王族,提升新兴势力为主。主要内容如下:

第一,禁止父子兄弟同室而居,男子都要自食其力。商鞅在第一次变法中规定,凡是成年男子不分家的,可以通过缴纳双倍赋税的方式弥补。在第二次变法中,秦国百姓的天伦之乐已经被彻底践踏了,商鞅彻底断绝了秦国百姓不分家的后路。至此,商鞅将百姓当作实现秦国富强的工具已经是不言而喻。商鞅禁止言论,百姓敢怒不敢言。怒气被压抑,一旦爆发,商鞅必然难以善后。

第二,合并乡镇,统一以县为单位编制全国的行政制度。编制后的秦国共有三十一个县,每个县都有县令和县丞,县令是主要责任人,县丞是县令的副手。第一次变法时,商鞅统一编制户籍,便于管理百姓;而在第二次变法中商鞅编制县制,以地域为单位管理全国。

经过两次变法,秦国百姓受到户籍和地域的双重限制,个人自由被约束。商鞅屡次约束百姓,目的只有一个,让百姓以"耕、战"为本,杜绝经商、学习、游说和私斗等不利于中央集权的活动。中国的大统一和中央集权是由秦国开创的,商鞅改革的贡献很大。

第三,整治全国土地,以统一尺度划分土地,鼓励开垦。作为法家的杰出代表,商鞅力求实现一套标准尺度。如果以全国统一的尺度划分土地，国家的赋税征收就有严格且统一的标准。赋税是国家财力的主要来源，一旦赋税有保证，秦国作战就有经济实力保障。

第四，统一度量衡，为国家经济的发展创造条件。商鞅改革前，秦国的测量尺度有斗、桶、权衡和尺等，名目繁多，不利于市场交易和国家税收。经过改革，全国都用一套标准，更便于交易。

第一次改革，秦国走向富强的道路；第二次改革，秦国走向中央集权的道路。秦国由弱国变成强国，商鞅功不可没。经过两次改革，秦国已经像一匹能征善战的千里马。商鞅希望自己的千里马能够踏平其他诸侯国，实现全国的统一就像实现秦国度量衡的统一。

新法刚刚使秦国走向称霸的大道，又有人居心不良触犯新法。商鞅有改革家的大无畏精神，不为太子留情面，更不会为其他人留情面。

上次太子触犯新法，他的监督官公子虔被罚，公子虔恨商鞅入骨。第二次变法施行四年后，公子虔再度犯法。商鞅操起大刀阔斧，毅然决然地处公子虔劓刑。劓刑，就是打了割掉鼻子。为了变法，商鞅整得公子虔面目全非，这更加深公子虔的怨毒之心。

公子虔是太子的监督官，负责太子的道德品行，如果太子行为不合道德要求，他有权责指正。商鞅削公子虔的鼻子，在太子的道德监督官上动刀，就是削道德监督官的脸面。

商鞅两度惩治太子的人，毫不顾忌太子的颜面，使太子对商鞅心存忌恨，这也为商鞅埋下了祸根。

改革法令颁布后，商鞅宣布：以法为教。按新法行事的温顺百姓，商鞅大赏特赏。被赏赐的人多是耕田种地优秀，出军作战勇敢者。

在商鞅变法时期，如果想获得升迁，必须有实际的功劳，比如耕田种地优秀，又比如作战勇猛。有赏便有罚，遵循新法可以获得赏赐，触犯新法便要遭受处罚。

面对触犯新法的人，商鞅绝不姑息。有一次，七百多个囚徒触犯新法，商鞅手起，七百多颗人头马上落地，血溅闹市。

第七章

商君陨落,变法余威仍在

战败就得搬家

秦国一天天强大，魏国却一天天削弱，秦国需要抓住机会对付魏国。秦孝公十七年（公元前345年），即商鞅第二次变法施行五年后，魏国大败于马陵，将军庞涓被斩，国力大衰。

第二年，商鞅献计献策，建议秦孝公趁魏国元气大伤出征魏国。魏国紧挨周国，是众诸侯争夺的焦点，一旦国力衰微，许多诸侯国便对其虎视眈眈。

商鞅对秦孝公说，魏国地理位置关键，对秦国而言，它就像心腹之患，如果秦国不吞并魏国，魏国就要灭亡秦国。

从地理环境看，魏国占据安邑，西有山川的险要作为护国屏障，东有肥沃的土地。魏国如果强盛，可以向西入侵秦国，如果疲弱，可以退守东边。

此时魏国刚刚败给齐国，实力大削，现在正是对付魏国的最佳时机，所以商鞅建议秦孝公出军，驱赶魏国到东边，抢占黄河和崤山的险要地势，以作为保护国家的屏障。

秦国在西部，土地没有中原的肥沃，还不时受到西边少数民族的侵扰。如果秦国想称霸中原，必然向东发展。在东方，魏国实力不小，首当秦国进军中原的要冲。无论如何，只要秦国向东发展，就必须搬开魏国这块大顽石。

前些年，秦国屡受魏国侵扰，因为魏国害怕秦国向东发展。经过改革，秦国实力大增，必然会对正在衰弱的魏国垂涎不已。

秦孝公很倚重商鞅，所以再次命商鞅领军征战。商鞅是文官而非武将，秦孝公两次都让商鞅带军出征，可见秦国缺乏大将。商鞅不是将军，不擅长打仗，让他领兵征战，他只能凭智谋取胜。

魏国曾经败给商鞅，听说此次又是商鞅领大军入侵，于是派公子卬领军迎敌。"百足之虫，死而不僵"，魏国是昔日的大国，大军开动，仍然军威严整，气势骇人。

两军相遇，魏军布阵严谨，法度大开大合，很有大国风范。秦军将士勇猛异常，人人精神抖擞，渴望擎旗斩将，杀敌立功。然而，秦军布置松散，没有使士气扭成一股绳，几乎是各自为战。

放眼秦军，只见兵将的个人勇猛，不见整体的军威。商鞅看见魏军威武严整，如同一片千年古林，立刻寻思用计。

利用曾经在魏国待过一段时间的经历，商鞅写了一封信给魏军主将公子卬。商鞅说，他和公子卬交好，两人都是主将，不忍心互相攻杀，希望见公子卬一面，杯酒言和，尽兴而欢，兴尽而散。

刚刚败给齐国，又得罪其他诸侯国，魏国如果同秦国开火，相当于引火自焚。如果其他诸侯国利用魏、秦大战之际，趁火打劫，相续出兵攻打魏国，魏国就会灭亡。

挑衅者主动言和，公子卬求之不得，便一口答应。

此次秦国大军出动，耗费不小，商鞅当然不会仅凭感情因素就轻易撤军，何况他一向讲究的是法和理性。再说，当年公叔痤举荐商鞅，魏惠王有眼无珠，罢而不用，这点伤已经清除了他对魏国的怀恋。

公子卬爽爽快快地前来赴宴，连一点防范意识都没有。面对敌人，应该时刻警惕着，如果稍稍放松，必然犯下不可补救的错误。商鞅与公子卬在座上饮酒叙旧，暗地里却已经布置大将冲击魏军。公子卬相信商鞅，遭遇的却是商鞅的扣留。

主将被扣留，生死未卜，面对秦军的突然攻击，魏军大乱。如果单个作战，魏军士气不如秦军，只会输，不会赢。魏军威武骇人的军阵被冲乱后，秦军大举杀入，如虎狼扑入羊群，横行无阻，所向无敌。商鞅的法令强调，斩杀敌首者能被封功拜爵。为了功名爵位，秦兵作战个个勇猛无比。

魏惠王见魏军大势已去，于是请求割地议和。主将无谋，国君懦弱，这是国家败亡的征兆。

秦孝公要求收回河西之地，魏国同意归还。

占据河西之地，一切如商鞅所料，秦国争霸中原的大门被叩开了。河西之地指黄河以西地区，秦国占有后，离魏国更近了，魏国的首都安邑就非常危险。

如果秦军渡过黄河，安邑必然一鼓而破。一旦都城被破，魏国必然彻底消失。秦国就如一只虎视眈眈的猛虎，占据高岗，随时都可能扑向安邑。

面对强敌，魏惠王无能，只会隐忍退让。割让河西之地后，魏惠王又做了一个愚蠢的决定，向东迁都。魏国这次将都城迁到了边远的大梁。因为迁都一事，魏惠王也被称为梁惠王。

魏国先败给齐国，接着再败给秦国，原本就与魏国有恩怨的其他诸侯国很想趁火打劫，恨不能生吞魏国。势力衰弱后，原本处于中原宝地的魏国感到腹背受敌，西有如狼的秦国，东有如虎的齐国。衰弱的魏国，已经陷入生存的困境，向西要挨打，向东也要挨打。

生存在激烈竞争的战国，如果错失人才，就等于丢弃了自己的未来。魏国抛弃商鞅，一个大国立刻衰落；商鞅辅助秦孝公，一个大国迅速崛起。商鞅的生存证明了一个道理，人才强国。

面对秦国的崛起，魏惠王说了一句伤感的话："寡人恨不用公叔痤之言也。"

秦孝公收回河西之地，万分高兴，封商鞅於、商之地。古人爱以地名称呼人，商鞅中的"商"就来源于商地的"商"。

儒家与法家的对话

商鞅大刀阔斧地改革，收效甚大，但也得罪了不少人。变法严重损害了贵族的利益，商鞅辅助秦孝公这些年，皇亲国戚十分痛恶，恨不能生食其肉，活剥其皮。

作为改革家的商鞅得罪社会上层，作为刑罚家的商鞅惹怒社会下层。经过十多年的改革，商鞅使自己成了众矢之的。如果秦孝公撒手西归，商鞅就会失去靠山。

商鞅掌权后，有很多人向商鞅推荐人才，孟兰皋曾向商鞅推荐赵良。商鞅见过赵良后，认为赵良是个可造之才，表示希望结交。然而，赵良很谦虚地拒绝了，理由是孔子说过，只有推荐贤良，受到百姓拥戴的人才会入世为官；如果辅助国君的不是贤良之人，即使国君成就霸业，受到人民拥戴的圣人也会引退。

这一席话，分明秉承儒家思想，叫商鞅怎么听得进去？赵良还说，占有不属于自己的职位就是贪位，占有不属于自己的名誉就是贪名；如果领受商鞅的盛情，他就是贪位、贪名之人。

商鞅愿意结交赵良，意思是希望赵良入朝为官，赵良不但一口拒绝，还说出隐射商鞅不贤的话，商鞅自然能够听出其中的言外之意。

听出赵良的言外之意后，商鞅开门见山，问赵良是否不喜欢他对秦国的治理方式。赵良是儒生，说话含蓄委婉。他说，能够听从他人意见的叫聪，能够自我省察的叫明，能够克制自我的叫强。

为了改革的顺利推行，商鞅大刀阔斧、一意孤行，因此得罪不少权贵。赵良这么说，是希望商鞅反省自我，克制内心的冲动，听取他人的意见。赵良还引用虞舜的话，希望商鞅做一个谦虚的人。赵良一番劝谏，用心很好，却完全不符商鞅的脾性。

如果商鞅是一位谦谦君子，他就不可能在短短十多年内使秦国富强。作为改革家，商鞅大刀阔斧，雷厉风行，他不可能放缓改革的步子。

事实最具有说服力，一系列事实皆能证明商鞅的功绩。改革前，秦国的习俗与戎狄相仿，父子一家，男女老幼同居一室。经过改革，百姓知道男女有别，分室而居，勤于耕种，习于战争，国强民富，国家实力能与齐国和魏国等大国相抗衡。

在秦国历史上，五羖大夫百里奚辅佐秦穆公称霸，百姓交口赞颂。商鞅使疲弱的秦国一跃而为强国，自认为功绩能与百里奚相媲美，因而问赵良他与百里奚相比，谁的功劳更高。

儒家重视仁德教化，商鞅拿自己与百里奚相比，正合赵良的心意。赵良说，一千张羊皮比不上一领狐腋，千万人的随声附和比不上一位正直之士的正义直言。周武王广开言路，吸取不同的声音，国家昌盛；商纣堵塞忠臣之言，偏听偏信，致使亡国。如果商鞅想听真话，应该先免除正直之人因敢言直谏而遭受的刑罚。

当时的秦国，有一条法令，禁止百姓私下议论变法。赵良害怕受罚，在说真话之前事先言明。

商鞅说，好听的话都是虚假的，真实的话就如良药，虽然苦口但有助于治病。如果赵良能够整天正义直言，这有助于他的发展，他更应该结交这样的朋友。

既然可以免除直言后遭遇的处罚，赵良开始义正词严地说道，百里奚起于贫寒，听说秦穆公招纳贤士，不惜卖身为奴，给人喂了一年牛。秦穆公听闻后，用五张羊皮为他赎身，提拔他位居万人之上。百里奚辅佐秦穆公期间，讨伐过郑国，出征过楚国，三次拥立晋国国君，这都是他的功绩。百里奚以德服人，施行教化，巴国前来纳贡，诸侯和四方少数民族都来朝见，前来投奔的贤人更多。

更令商鞅望尘莫及的是，百里奚在位期间，行不坐车，迎寒风，冒酷暑，只身走遍全国，与百姓同甘共苦，因而百姓爱戴。百里奚有恩于秦人，他死后男女老少痛哭流涕，全国哀悼。守丧期间，小孩不唱歌嬉闹，正在舂米的人悲哀得发不出相应的呼声。

赵良善言称颂百里奚的仁德，目的是与商鞅的酷刑相比。首先，商鞅靠阉人景监推荐，名声不好；其次，他不为百姓谋福利，而是大兴土木，建造宫室，算不上为国家建功立业；最后，刑罚过于严苛，视百姓如草芥，大胆惩治太子的监督官和老师，既激犯众怒，又得罪权贵。

儒家深信百姓是可造之材，应该教化百姓而不是命令百姓。在儒家看来，教化能深入人心，百姓模仿上级的行为比接受命令办事更为有效。商鞅以严刑峻法推行变法，违情背理，积累的诋毁过多。

商鞅被封於、商之地后，非但不知收敛反而淫威日甚，权贵已经被商鞅逼上绝路，此举使得情况更加恶化。公子虔鼻子被削后八年闭门不出，公孙虔满脸墨汁，变得面目狰狞。商鞅一味严刑痛罚，大失人心。

为了改革，商鞅得罪权贵，招致的怨恨很深。为了保护自身安全，商鞅出门身后会有十多辆坚车跟随，伴有无数全副武装的武士保护。如果保护措施缺失，商鞅绝不敢出门。商鞅的出行与百里奚的出行形成鲜明的对比，可见商鞅已经陷入"积毁销骨"的困境。

赵良的意思是，商鞅已经命如朝露，劝他急流勇退，归还秦国的封地，辞官归隐。如果商鞅不及早引退，一旦秦孝公撒手西归，失去保护的商鞅一定会遭人报复。

人生有很多悲剧，其中一个就是言者谆谆，听者藐藐。赵良分析有理，细致入微，将整个秦国的局势都说清楚了。然而，商鞅的目的是辅助秦孝公称霸中原，不会适可而止，更不会急流勇退。

在商鞅心里，他的事业刚刚开始，变法仅是千里之行的第一步，让他跨完第一步就停止，绝不可能。

商鞅用锐利的眼光盯住远方，却不知道他身居柴薪之上。一旦柴薪起火，他必然魂归西方，身飞天外。

成功的改革，失败的改革家

赵良与商鞅谈话五个月后，秦孝公便辞世了。秦孝公惜别日渐强大的秦国，在生命的弥留之际，仿佛看到了商鞅的黄昏。秦孝公需要商鞅，商鞅更需要秦孝公。没有商鞅，秦国不会迅速崛起；而没有秦孝公，商鞅的变法必然无法推行。

秦孝公死后，太子惠文君顺利即位，人称秦惠王。商鞅曾经处罚太子的监督官公子虔和老师公孙贾。公子虔记仇心重，他依仗新国君，纠集了一帮党羽诬告商鞅造反。商鞅改革得罪了很多权贵，甚至差点问太子的罪，所以没人站出来为他说话。

在人治国家，君王的好恶能决定一切。曾经被触犯利益的权贵对商鞅深恶痛疾，秦惠王对商鞅也无好感。既然公子虔等人状告商鞅，秦惠王便顺水推舟还公子虔和公孙贾代他受罚的情，下令逮捕商鞅。

靠山倒了，商鞅四面楚歌。秦惠王与公子虔等是站在一条船上的，如果束手就擒，必然等于自寻死路，所以商鞅决定逃亡。

逃到边境时，已经是傍晚。疲惫不堪的商鞅打算在旅店住一夜，明日再行。商鞅虽然在秦国的名气很大，但百姓都只知其名不识其人，边境的百姓甚至只知道变法而不知何谓"商鞅"。

店主人问商鞅有户籍等相关证件没有，商鞅傻眼了。他第一次变法时严格管理户籍，以"伍"和"什"为单位编制户籍，目的是让人民落地生根地在本地勤耕苦种，练习战斗。经过变法，秦国人口的流动性很小，百姓不得不安分守己。逃亡匆忙，商鞅没带相关证件。店主人说，商鞅严格规定，如果接收没有证件的人住店，店家要被惩处。

法令十分严苛，就算店主胆子极大，敢让商鞅住店，他的邻居也不敢不告发，因为不告发将被惩处。经过商鞅变法，秦国百姓人人自危，不敢犯法，也不敢容许与自己同"什"的人犯法，因为要受牵连。

面对严格遵守法令的店主人，商鞅没感受到改革成功的欣喜，而是举目视天，慨然长叹："嗟乎，为法之敝一至此哉！"

面对拒绝，商鞅终于知道他的变法过于严苛，完全剔除人性和人情。面对一次拒绝，商鞅就发出如此痛心的慨叹。变法实施十多年，这期间受到变法的刚硬锐利所伤害的人更不少，他们的感悟更深，怨恨更浓。

商鞅见事已至此后悔无用，知道最关键的是逃命。只要他能够争取留下青山，就一定可以重新再来。西边是秦国的地盘，如果往西逃，还没逃出秦国就被抓捕了。

天地茫茫，何其广阔，然而没有商鞅的立锥之地。作为志向远大的改革家，改革的成果却背叛了他自己，商鞅内心百感交集，急切间说不出所以然。

秦国背恩忘义，商鞅又气又急，慌不择路，竟然逃向魏国。就地理位置而言，魏国离秦国很近，逃入魏国最方便。然而，为了秦孝公的帝王大业，商鞅屡次领兵攻打魏国，甚至用奸诈的手段骗捕公子卬，害得魏国割河西之地求和。

魏人厌恶商鞅奸诈，闭门不纳。看着紧闭的城门，商鞅仿佛看到最后一根救命稻草都已经腐朽了。

后有追兵，前路被断，商鞅转头逃向其他小国。商鞅前脚刚走，魏国突发奇想，认为商鞅是秦国的逃犯，不遣回会得罪强秦，于是强行遣送商鞅回秦国。

魏国这么做，首先是怕秦国借此生事，再次挑起战争。经过商鞅变法，魏国远非强秦的对手，不敢招惹，只求极力讨好。其次，商鞅不是普通人，他逃往其他国家后，倘若受到重用再次推行新变法，魏国的强敌就又多一个。

魏惠王曾经不听从公叔痤之言被秦军大败，后悔莫及，恨不能杀了商鞅。现在有弥补的机会，魏国决定借强秦的手诛杀商鞅以泄心头之恨。

秦孝公死后，当时的天下没有一位君主知道善用商鞅，这是商鞅的悲哀，也是君主的悲哀。

被强行遣送回秦国后，商鞅知道逃亡行不通。他当机立断跑回商邑，起兵造反。秦国的军队是商鞅训练的，战斗力很强，商鞅不敢贸然攻击，而是率领商邑的部属北上攻击郑国。郑国是一个小国，朝中无人，军中无将，很容易攻取。

然而，秦国死死紧追商鞅不放。商鞅攻打郑国，秦军赶上后攻击商军。商邑的部属本就不多，面对秦军的狂攻猛打，队伍难以抵敌，被碾压为齑粉，商鞅战死。

郑国黾池一役，商鞅真正体悟到秦国军队的勇猛。前几次领兵作战，商鞅与秦军站在同一条阵线上，只看到奖励军功对士兵的激励作用，没能亲身体悟。直到战死，商鞅才亲身体悟到奖励军功对士兵的激励作用。

为了泄恨，权贵车裂商鞅的尸体示众。车裂之刑，就是将受刑者的头颅和四肢分别拴缚在一辆马车上，时刻一到，行刑官一声令下，马车夫同时扬鞭策马，五辆马车朝五个不同的方向飞奔，人的身体当即被撕裂。

连坐法害苦了秦国百姓，商鞅也深受其害。秦惠王依照商鞅的逻辑行事，诛灭商鞅全家。司马迁说："商鞅天性薄情寡恩，刻薄残忍，行事凶狠，不留余地，最终被恶名害死。"

改革家死了，但改革的成果仍在，秦国在改革成果中继续向前发展着。

柳下惠的弟弟

自春秋时期起，地处四战之地的郑国，屡屡被晋国、楚国等攻打。由于势力弱小，为了求得生存，郑国被迫不断向其他大国纳贡，而同时，郑国统治者的生活也非常奢侈腐化。为了满足大国的索求和自身腐化生活的需要，郑国统治者肆意盘剥人民，后来不堪忍受重负的郑国奴隶终于起来反抗了。周景王二十三年（公元前522年），郑国奴隶在萑苻泽发动了大规模的起义。当时，数千奴隶集中在河南中牟的一个大湖中央，与郑国统治者对峙，后来，郑国派出了子大叔率兵前往镇压。由于实力相差太过悬殊，奴隶们虽顽强坚持，却最终未能取得胜利。这场起义是我国历史上记载最早的人民反抗战争。后来虽然中国由奴隶制逐步发展为封建制，但是存在于阶级之间的矛盾依然存在，所以，起义之火还在继续燃烧。

盗跖，原名柳展雄，又名柳下跖，相传是春秋战国时期名臣柳下惠的弟弟，盗跖是后来的统治者给他的骂名。约公元前475年，他领导一支九千人的队伍发动了起义。

柳下跖领导的起义声势非常浩大。他追求的是自由平等的社会，期望达到的是人人"耕而食，织而衣，无有相害之心"的生活。而此时的统治阶层却不耕而得食，不织而得衣，利用盘剥百姓过着衣食无忧的生活。他代表被盘剥的劳动人民痛骂统治者。孔子劝他模仿圣人的做法，解散他的武装力量。柳下跖听完孔子的一番劝告之后，痛斥孔子，说孔子所说的那些，都是他所鄙视和厌弃的，并让孔子赶紧走，不愿再与孔子多说话。他率领的起义军非常勇猛，所到之处"大国守城，小国入保"，他攻城池，救奴隶，杀贵族并没收贵族的财物，各诸侯胆战心惊，闻风丧胆。《吕氏春秋》中有一段描写柳下跖的，说他夺取富人财物的时候，总是能确切地知道库藏的财物；行动的时候，总是冲在前面，非常勇敢；撤退的时候，总是留在后面，非常义气；有判断时机的能力，非常聪明；胜利之后能平均分配胜利果实，非常仁义。他的义军活动范围很广，从泰山以南的鲁国到西面的齐国、晋国，都曾经留下过他以及他领导的义军的身影。但是后来，由于统治阶级的血腥镇压，这场起义最终没有取得胜利，柳下跖也在与统治阶级的斗争中英勇牺牲。荀子赞扬柳下跖为"名声若日月，与舜禹俱传而不息"。

公元前301年，齐将匡章率领秦、齐、韩、魏四国联合攻打楚国，在垂沙联军大败楚军，楚国主将唐眛被杀害。垂沙之战时，庄蹻率领手下军队举起义旗开始带领人民起义。他的起义队伍非常勇猛，在天下横冲直撞，所向披靡，甚至曾一度攻下楚国国都郢。面对他的进攻，统治阶级毫无办法，《韩非子》中说："庄蹻盗于境内而吏不能禁。"可见当时他所带领的义军给楚国统治阶层带来了多么沉重的打击。他将楚国的统治区域分割成了好几块。后来，可能是考虑到当时楚国的形势实在禁不起内忧外患，所以庄蹻选择了撤军，决定以国家利益为重，使楚国结束了一场内乱，获得了片刻的喘息机会，开始集中精力对付外部势力的威胁。庄蹻被招抚并不是被个人利益所迷惑，而是在国家危急存亡时刻对国家利益的维护。古书中虽然将庄蹻称为"大盗"，但是在追随他的义士心中，他却无疑是一位非常英明仁义的领袖。

很多时候，"盗贼"只是统治阶级对敢于反抗的劳动人民的一种污蔑。据史书记载，战国时"盗贼横行"，"聚群多之徒"，可见当时人民反对统治者的斗争有多激烈。人数众多的队伍常常隐蔽起来，趁统治阶级不备，跳出来给他们致命一击。统治者与劳动人民之间这种深得无法化解的矛盾，其实也是由统治阶级对劳动人民的残酷剥削和压榨引起的。

据《管子·大匡》记载，战国时魏国的农民在收成一般的年份要向国家交高达十分之二的田税，即使在收成不好的年份也要交十分之一的田税。而如果收成好，税收的比例就高达十分之三了。田税只是名目繁多的税收中的一项，除了它之外，还有很多其他名目的税。据记载，商鞅变法规定所收的"口赋"在成年人中间征收，而且是按人头征收的，税额非常重。另外，还有各种关税、市税，甚至连宅园、牲畜都要收税。有人说，这一时期的赋税为古代的二十倍之多，农民收入的一半都作为税款被统治者搜刮了。

除了重得令人不堪忍受的赋税以外，由于战国时代频繁的战争，兵役、徭役也非常重。战国时期，征发徭役不仅限于男子，女子和老人、小孩儿有时候也会被征发。据《战国策》记载，楚国大将昭常誓与他驻守的防齐阵地共存亡，他征调了三十多万人修筑防御工事，从刚成年到六十岁的男男女女都被征调到了楚国东部地区，除了构筑防御工事之外，很多女子和老人甚至也加入到了守城的行列中。由于战争的需要，男、女、老、幼都被征发参军，这在现在看来是不可想象的。

战争除了造成大量的伤亡以外，田地无人耕种所造成的粮食短缺也是很大的问题。军队不可一日无粮饷，而粮饷从何而来？只能是加重赋税，从人民身上去搜刮。这对统治阶级来说没有什么影响，他们仍然可以"庖有肥肉，厩有肥马"，但是对于广大劳动人民来说却是一个可怕的深渊，他们"乐岁终身苦，凶年不免于死亡"，处境十分悲惨。统治阶层与人民群众之间的生活状态差别太远了，所以他们之间的矛盾自然无法避免，一触即发。

尽管各国对人民群众的反抗斗争都制定了很残暴的惩罚制度，但是依然无济于事。百姓怨声载道，各地起义之声自然也就此起彼伏了。

第八章

百花齐放,百家争鸣

无心无为,率性而活

庄子,名周,字子休,是战国时期著名的哲学家,先秦庄子学派的创始人。他继承和发展了老子的哲学思想,主张"天人合一""无为而治"的政治观,留下了许多启迪后人智慧的著作,例如《齐物论》《大宗师》《逍遥游》等。庄子一生坚持自我,率性而为,用艺术审美的眼光审视着这个世界,他的哲学思想对后世产生了很大的影响。

《庄子》中有一篇叫"黄帝索玄珠"的寓言:黄帝游赤水,爬上昆仑山往南看的时候不小心遗失了自己的玄珠。他分别派有智慧的"知"、眼力好的"离朱"和擅长辩论的"吃诟"去寻找,结果这三个人均没找到。最后他只好派无心做任何事情的"象罔"去找,没想到却找到了。为什么有智慧、有才能的人找不到,无心做任何事情的人却最终找到了?黄帝对此感到非常不解。其实这个故事正体现了庄子"无为而无不为"的率性世界观。

玄珠是"道"的象征，黄帝君临天下，治理国家，希望教化民众，有所作为。但这种"有为"却与庄子"无为而治"的"道"相背。由此，庄子认为黄帝失了道。而对寻找道的过程的描述更体现出了庄子的个性的率真。黄帝让有智慧、眼力好、擅长辩论的三个人分别去寻找，这三个人却都没有找到。后来让无心、无欲、无求的"象罔"去找，却找到了。

庄子认为自然无为是宇宙万物的存在形式，提倡遵循自然规律，无为不作。并且他相信一切礼乐、教化之于人们都如枷锁，痛苦而且无益。"天地有大美而不言，四时有明法而不议，万物有成理而不说""朴素，而天下莫能与之争美"……庄子认为只有遵循自然规律，人类才会像天地间一切生物一样，具有本真的美，而一切违背自然本性的东西最终都会导致天下失道。

庄子提倡的"无为而治"与老子的政治观点非常相似。后世将老子和庄子并称为"老庄"，可见他们的关系有多密切。很多人觉得他们都主张"无为"，所以他们的"道"应该是一样的。事实上，庄子的"无为"与老子的"无为"有着很大的区别。相对于积极入世的政治家老子，庄子更像一个天马行空的诗人。

很多人都知道伯乐相马的故事，并且都觉得伯乐让千里马从普通的马群中脱颖而出，是对千里马的恩惠。但庄子却不这样认为，他认为伯乐相马其实是害马，他的行为给千里马带来了无穷无尽的灾难。对于一匹马来说，饿了吃草，渴了喝水，高兴地撒开蹄子奔跑，不高兴了尥蹶子，这都是它的天性。而自从有了擅长管马的伯乐之后，马却不能再依据它们的天性生活了。伯乐的管马方法其实不过就是剪毛、用火烧、削马蹄、在马身上烙印……他的养马、驯马过程简直就像最残酷的刑罚，充满了血腥。经过这些"摧残"，马的确成了对人类有才能、有用的马，这么做的后果对于马的主人来说当然是好的，但是对于马本身来说却是一场灾难。为了对于自身毫无意义的所谓才能，马付出了惨痛的代价。

庄子认为治国也和驯马相似，而那些治理国家的人也经常犯与驯马人相似的错误。人的自然状态就像没有被驯服的野马，很多君主认为自己是擅长治国的人，而他们治国的方法却不过是对人本性的改变。本来人们耕田织布，日出而作，日落而息，无忧无虑，自由自在。这时的人们没有欲望，只有本性中最淳朴、最原始的部分。后来君主和圣人出现了，他们提出一堆要人们遵守的规矩和道德，提倡各种行为准则，希望将自己的意念推及到天下苍生身上，用自己的好恶、自己的是非观给人们一个评判是非对错的标准。在这样的情况下，人们抛弃原有的本性，渐渐对世间的一切对错、好坏产生疑惑并开始思考，之后变得越来越复杂，越来越擅长费尽心机地运用自己的聪明才智为自己谋利益。

庄子厌恶这种违背人本性的治国方法，在他的政治观中是没有"治"的，他主张依据自然规律，顺从人的本性。所以无论是驯马还是治国，都与他率性的世界观相违背。而改造人和改造世界是所有统治者和圣人最热衷的事情，所以他的观点不被采纳也是很正常的一件事情。在庄子看来，统治者和圣人都是抱着善良的目的，希望把这个世界改造得更加美好。但是他们的所作所为以及由这种作为所引发的结果却是恶的。庄子遁世的原因也许就是因为无法忍受也无力改变这种现实。

老子心中有一个理想的"乌托邦"，并且为这个理想中的"乌托邦"画好了蓝图。所以他虽然处处失意，却依然心怀天下，随时准备为了救世而大干一场。但庄子的率性决定了他无法融入当时的社会，也无力用自己的思想去影响当时的社会。所以他只好缩回自己的世界里，把自己封闭起来，不再关注天下，而开始只注重自身内在的修养和自己的本性，开始追求一种游心天地的自在。他的隐退和不争其实并不是因为对现实不在乎和不关心，而更多的是一种对现实的不满和无力拯救一切的绝望感。

鼓盆而歌，庄子通达的生死观

我们都听过"庄周梦蝶"的故事，它说的是从前有一天，庄周梦见自己变成了一只蝴蝶，在梦里他忘记了自己是庄周，翩翩起舞，觉得非常快乐。忽然梦醒了，庄周睁开眼，迷茫地环顾四周，却发现自己仍躺在自家又冷又硬的床上，哪儿还有什么蝴蝶？困惑的庄周，不明白是梦外的庄周梦到了梦里的蝴蝶，还是梦里的蝴蝶梦到了梦外的庄周。

这个故事体现了庄子齐物的思想。庄周和蝴蝶是有很大区别的，但是大道却是时时存在的。无论它是化作庄周，还是化作蝴蝶，是由逍遥走入喧嚣，还是由喧嚣走入逍遥，都只是它不同的存在形式。翩跹起舞的蝴蝶是逍遥和美的象征，而庄周本身则是喧嚣的象征。这个故事要说明的是世间万物看起来虽然千差万别，但是其本质都是一样的。这就是所谓的"齐物"。也是因为这种齐物的思想，使庄周觉得他能梦蝶，同样，蝶也能梦他。

这种齐物的思想也深深影响了他对生命的看法。他认为如果能打破生死、物我两忘，我们就能获得轻灵快活的人生。自古以来，人类对于死亡都怀有一种与生俱来的恐惧感。因为从常理来看，"生"是一种对世界、对万物有感知、有回应的状态，这种感知和回应其实就是对我们生命存在的一种肯定。而"死"则意味着离开这个世界，并且与这个世界不再有交流，对万事万物不再有感知，这种无知无觉当然是生命不复存在的一个标志。但在庄子的哲学世界里，这种说法却是非常幼稚和错误的。他的齐物思想影响了他的生死观，并让他看透了生命的本质。他觉得生命本就是一个尘归尘，土归土的过程，死不是生的对立，而只是它必不可缺的一个部分。人类的形体和精神均非自己所有，而是自然赋予的，死亡之后，形体和精神又重新回归自然，所以生和死只是人类元气的两种不同存在状态。而由生到死的过程就像昼夜流转，四季变更，落叶化作春泥一样，自然而然。在这个过程里我们是永存的，只是存在形式一直在变化。

这种通达的生死观建立在庄子对生命、对万事万物的体察和思考之上，是他智慧的体现。在与自己相扶相伴一生的妻子死了以后，庄子并没有表现出伤心，而是坐在地上"鼓盆而歌"，他的好友惠子甚至觉得他违背世情人理。然而，他并非无情。他的解释是妻子本来没有生命，甚至没有气息，没有形状，混杂在大道之中，后来因为大道的变化而逐渐有气，然后又有形，有生命。现在，又因大道的变化而失去生命，失去形体，重新回到最原始的状态。她现在躺在坟墓里，这不是消失，而是以另外一种形式存在。人类由生到死是一个很自然的过程，所以不应该感到悲伤。惠子认为他这种行为在道理上虽然说得通，但是在情感上却是说不通的。这正体现了庄子和惠子生死观的冲突，惠子的生死观停留在以常人情理作为依据的阶段，而庄子对待关于生死的问题，则一直从他诗人式的艺术审美角度去看待。

庄子和惠子除了在生死观上有很大不同之外，在思考方式上也差别甚大。他们两在濠梁上关于"知鱼之乐"的论辩到如今还依然广为流传。这个故事说的是，庄子和惠子在濠梁之上游玩，庄子说："鱼儿在水里自由自在地游来游去，这是它的快乐啊。"惠子说："你不是鱼，你怎么知道它的快乐呢？"庄子说："你不是我，你怎么知道我不知道鱼的快乐呢？"这个故事正体现了庄子"物我合一"的思想，他将自己的情感意识赋予了鱼，于是鱼便有了悲喜，有了表达自己情感，与人交流的能力。在这个故事里，惠子和庄子一个理性，一个感性，当然无法达成共识。如果说作为当时名辩学派代表人物的惠子的智慧体现在了他理智的逻辑思维上，那么庄子的智慧则主要体现在他丰富美好的直觉取向上。

另外，从庄子的处世哲学中我们也可以看出他的智慧。俗话说："伴君如伴虎。"在与君王的相处中，很多人虽然抱着美好的愿望，但由于方法不当，最终没有得到好的结果。

庄子认为，驯君之术重在顺其自然，顺应他的本性去施予影响。对于天性残暴的君王，庄子觉得要在表面上亲近、迁就他，但是在内心里却不能过分地妥协于他。因为如果表面上不亲近、迁就他，那么他可能会危及我们的生命。以一个臣子的角度去干预君王的行为无异于螳臂当车，虽然螳臂是螳螂全身最有力量的部分，但是对于一辆大车来说，这种力量却还是微乎其微。以自己的前臂去抵挡向前飞奔的大车，这种行为无异于自寻死路。所以虽然精神可嘉，但是，作为臣子来说，强制干预君王的行为所要付出的代价实在太大了。

虽然"螳臂当车"的行为不可取，但是这也并不意味着我们要一味地去妥协，因为过于妥协同样会为我们招致灾祸。过于妥协的结果只有两种，被他同化或者被他视为妖孽。这两种结果都与我们的初衷南辕北辙。

伴君之道的困难之处，正在于对坚持与妥协的分寸的拿捏。战国中期，社会危机四伏，凭庄子的智慧，若想出世做官，显然轻而易举。事实上，也确实有人曾向庄子抛出过橄榄枝，这个人就是楚威王。但是面对楚威王高官厚禄的诱惑，庄子却平静地说出了"不"字。将"螳螂捕蝉，黄雀在后"的故事延伸到现实世界之后，庄子看到为了自身的利益，人们互相之间所表现出的狡诈和残酷无情。也许正是由于对人们之间这种复杂利益关系的畏惧和对自我的过分坚持，庄子才拒绝了楚威王，选择了清静无为的淡泊生活，也正是这种选择，让他在狭小的自我世界悟出了生命的真谛，创造出了一个更为宽广自由的国度。

浮生一梦逍遥游

东晋时,以捕鱼为生的武陵人误入桃花源。那里芳草鲜美,落英缤纷,既有良田美池,又有桑竹鸡犬,男女老少均怡然自乐,生活十分逍遥惬意。"隐逸诗人"之宗陶渊明向我们描述了他心中的"乌托邦"。直到现在,人们依然对这样的世外桃源充满向往。隐居,自古就是一件很浪漫的事。古今文人最向往的莫过于"进可入朝堂,退可远江湖"的生活状态了。所以,武侠小说大师金庸笔下有很多高人隐居世外。例如,黄老邪隐居在山清水秀的桃花岛上;小龙女隐居在风景秀丽的绝情谷底;无崖子隐居在风光旖旎的无量山中……个中原因除了江湖险恶,不如归去的无奈之外,应该还有对隐居生活的向往。这些隐居世外的武林高人在属于自己的世界里或练成绝世神功,或留住绝美容颜,在逍遥的状态下体会到了人生最美妙的部分。但是他们跟庄子退隐的成就相比,就显然逊色了许多。庄子可谓将隐居生活的作用发挥到了极致。

"泉涸，鱼相与处于陆，相呴以湿，相濡以沫，不如相忘于江湖。"在庄子看来，相濡以沫的情谊固然令人感动，但是却还不如忘记彼此，各自在江湖之中畅游。这正是庄子追求自由的精神体现，也正是这种对自由的追求让他远离市井，独守一方心灵净土。

《逍遥游》中有一段，说尧想把天下让给许由，于是对许由说："太阳和月亮都出来了，蜡烛却还亮着，要和日月比光，这不是很难吗？及时雨都降落了，人们却还在挑水灌溉，这不是徒劳吗？先生如果可以居于国君之位，那么一定天下太平，而我却还空居其位，觉得非常惭愧，请允许我让位于先生。"

君临天下是多少人梦寐以求的，但是许由却拒绝了尧让位于他的请求，理由是不愿追逐名利，不愿越俎代庖。庄子借许由之口说出了自己对于名利的看法——"名者，实之宾也"。名利皆是人生的虚浮之事，但是很多人却把它们当作了生命的根本，坠入名利的深渊中不能自拔。一时的虚名也许能给人带来短暂的快乐，但是因为贪恋这种短暂的快乐而过分沉溺于追逐虚名之中就得不偿失了。庄子对楚威王的拒绝应该也有这方面的原因，不愿意为虚名所累，只想闲云野鹤般地真正生活。他认为"至人无己，神人无功，圣人无名"。饿了就吃，累了就睡，高兴了就写字、画画、会好友，不高兴了就发点小牢骚，超然物外，进退自如，忘却宠辱，有闲情，有闲趣，在庄子看来逍遥至此，才是人生最好的状态。

在庄子的寓言里，不仅许由拒绝了国君之位，还有许多有才能的贤者如子州支父、子州支伯、善卷等也拒绝了君主禅让给他们的王位。寓言中，尧和舜四处寻找贤能的人，希望禅让王位，但是他们找到的所有人都不愿意接受。因为在这些贤者看来，南面称王，坐拥天下带给他们的除了荣华富贵之外，更多了为维持浮名所要付出的辛苦劳累。在他们眼里，逍遥自在是比拥有天下更有吸引力的一种选择，这正是典型的道家隐士观。

瞿鹊子与长梧子说梦，长梧子说："梦中喝酒作乐的人，醒来之后或许悲伤哭泣；梦中伤心哭泣的人，醒来后却可能兴致勃勃地去打猎。人在梦中的时候，是不知道自己在做梦的，有时还有梦中梦，醒来之后，才明白不过是一场梦而已。而当一个人大彻大悟之后，他会发现，人生也不过是一场大梦。愚蠢的世人自以为清醒，觉得自己看透了一切，明白了一切。整天都在谈论君子、臣子、礼乐、道德，简直浅陋至极。"

庄子认为梦和现实没什么区别，沉浸于梦，感受梦中的喜怒哀乐，那么梦就和生活一样，是真实的。人生如梦，梦也如人生。任何现实都终将消失，无论一个人是伟大还是渺小，高贵还是卑贱，他最终都将消逝在滚滚的时间长流中，即便曾经激起过几朵浪花，也必将归于平静。一切辉煌或者落魄都会随时间灰飞烟灭。所以当我们费心费力地去追求无用的浮名时，我们只是沉浸在一个虚幻的梦中罢了。沉浸在梦中，为虚名所累，何如放下所谓的名利，享受能够感知到世间万物的每一天，逍遥地度过一生？

庄子生活在逍遥的状态里，一生不为浮名所累，不为世事牵绊。浮生一梦，庄子明白这个道理，所以他愿意顺天而不是顺人。他居于山泽，隐于旷野，希望能忘记俗世的一切，在这个自由自在，可以游心天地的梦里一睡不醒。

庄子将死的时候，他的弟子们打算厚葬他，但是庄子却不愿意，他说："我以天地作为棺椁，以日月作为双璧，以星辰作为珠玑，天地万物都是我的陪葬，这还不够吗？还有什么比这更好的？"弟子说："我担心乌鸦、老鹰会啄食先生您的尸体。"庄子说："将尸体弃于地面会被乌鸦、老鹰啄食，但是埋于地下也会被蚂蚁吃掉。夺过乌鸦嘴里的食物给蚂蚁，怎么这么偏心呢！"

在庄子看来，死亡本来就是极其自然的一件事情，人通过死亡回归自然。而死后，在对于遗体的处理上，庄子也反对厚葬。他也许觉得厚葬是愚者所为，这种浮华的形式，是违背自然规律的。逍遥如他，当然觉得顺应自然，不违背天意地回到大自然的怀抱，以世间万物作为陪葬，高高兴兴地安息寝卧，随物而化，才应该是人们对待死亡、对待遗体的正确态度。

庄子坚持人性的本真，他的一生是一个诗人，一个隐士浪漫的一生。他对待生活的逍遥态度，至今仍对迷失在钢铁森林里，沉浸在追逐虚名里的现代人有着重要的启示作用。

辩论家惠子

历史偏爱轰轰烈烈的故事,然而尘埃落定后,昭然于世者,往往屈指可数。纷乱的战国孕育了争鸣的诸子百家,但是历经两千多年时间的淘洗,为世人所铭记的却只有孔孟、老庄,非儒即道,那些曾经争鸣一时者大都湮没在儒道的光环之下。名家就是众多被湮没者之一。

惠子名惠施,是名家的代表人物之一,庄子的同时代人。惠施本是战国一位知名度很高的人物,主张合纵抗秦,主要活动于魏、宋等国。他是个优秀的政治家,也拥有精深的哲学思想。不过,惠施的著作没能流传下来,后人只能从庄子等人的转述中窥见他思想的一小部分。而在《庄子》一书的相关记载中,惠施在与庄子交往和辩论的过程中,常处于失败和被贬损的地位。

《秋水》篇中有惠子相梁的一段记载。据说,惠子在梁国做宰相时,庄子跑去看望他。有人说庄子到梁国来是想代替惠子的相位,这让惠子甚为恐慌,派人在都城内搜了三天三夜。庄子见到惠子后,讥刺惠子道:"南方有鸟,其名为鹓,子知之乎?夫鹓发于南海,而飞于北海,非梧桐不止,非练实不食,非醴泉不饮。于是鸱得腐鼠,鹓过之,仰而视之曰:'吓!'今子欲以子之梁国吓我邪?"将惠子说成了一个醉心于功名利禄而心胸狭窄的小人。

实际上,惠施并不是一个不堪的禄蠹,综观关于惠施的各种文字记录,将会发现一个完全不一样的惠施。

作为一个主张合纵抗秦的政治家,惠子有着敏锐的头脑和非凡的辩才。公元前342年,魏国于马陵惨败于齐国,魏军十万人死伤大半,太子也在这次战争中被杀。败亡消息传来,魏王大怒,即刻召见惠施,将"欲悉起兵而攻"齐的计划告知惠施。而此刻魏军刚刚大败,损兵折将严重,全军上下疲惫不堪,已无防守之力,更无再战之力。惠子深明此理,极力谏阻魏王,并提出了报齐仇的办法。他建议魏王臣服于齐,以此激怒楚国,借楚国之手攻打疲于战争的齐国。魏王接受了惠子的建议,成功地使齐国溃败在楚国和赵国手里。之后,惠子还为魏国制定了法律,得到了惠王和魏国百姓的一致认可。

在魏国的时间是惠子人生中最辉煌的时候,惠王对他十分信任,使他得以参与魏国政治、军事、外交各方面的重要决策。据《吕氏春秋》记载,惠子每次出行"多者数百乘,步者数百人;少者数十乘,步者数十人"。其实,惠子在魏国也并不是一帆风顺的,经常有人对他发出诘难,只是都被惠子的巧辩顶回去了。

魏王有一臣子名白圭，他在魏王面前诋毁惠施，说惠施之"言"好比一只大鼎，用它"烹鸡"，水加多了就"淡而不可食"，加少了又"焦而不熟"，看起来好而实在"无所可用"。对此，惠子答道，"不然，使三军饥而居鼎旁，适为之甑，则莫宜之此鼎矣"，言下之意，自己的言论不拘于小用而有大用。

另有一事也可以显示出惠子的雄辩之才。《韩非子·说林上》中有这么一件事，田驷因欺骗邹君而遭到邹君的追杀，惊恐之下田驷向惠子求救。惠子见到邹君，开口便说："如果有人朝见君主，却睁着一只眼，闭着一只眼，您会怎么办？"邹君不假思索地答道："我一定会把他杀掉。"惠子不慌不忙接着说："那么瞎子两只眼睛都闭着，您为何不杀了他呢？"邹君说："因为瞎子没办法不闭眼。"惠施便说："田驷东欺齐侯，南欺荆王。他对人的欺骗，已经无异于瞎子闭着眼睛了，您还怨恨他有什么意义呢？"在惠子的劝说下，邹君最后果然放过了田驷。

惠子善于辩论，但也不是狡诈之徒，他其实是个具有真性情的人。据说，有一年，魏国死了宰相，魏王急召惠施回魏国都城大梁接替宰相之位。接到诏令后，惠施立刻动身，独自一人赶往大梁。不想途中一条大河横挡住去路，惠施水性不好，但他一心想着魏国的事情，心急如焚，竟然不顾危险跳入了河中。正当惠施在水里苦苦挣扎时，一个船家赶来救起了惠施。船家好奇为什么此人不会游泳却不肯等船来，惠子告诉他，自己要马上去魏国做宰相，来不及等船。船家听他如此说，顿觉好笑，鄙夷地瞅着浑身湿透的惠施，嘲笑说："看你刚才落水就只会使劲儿喊救命，若不是我来得及时,你连命都没了。像你这样连凫水都不懂的人,居然还能做宰相?太可笑了!"惠施一听,非常恼怒,反驳说:"若论乘船、凫水,我自然不如你;但是要说治国,你跟我相比,只是个未睁眼的小狗罢了,凫水岂能与治国相提并论?"一席话说得船家无言以对。

为了早日赶到大梁处理魏国国事,惠子竟可以做出如此举动,实在是性情所至,让人觉得十分可爱、可敬。

惠子还有一个可爱之处,就是能够替朋友着想。惠子有个叫田需的朋友在魏国做官,一度受到魏王的宠用。惠子从政多年,洞悉为官之理,于是告诫田需,要想长久地保持在魏王身边的地位,就一定要善待魏王左右之人,防止这些人在魏王面前进谗言,破坏魏王对田需的信任。惠子说:"今夫杨,横树之则生,倒树之则生,折而树之又生。然使十人树杨,一人拔之,则无生杨矣。"以"十人树杨,一人拔杨"的事例教田需处世之理。惠子的这种观念也许值得商榷,但其对友人的关心值得人感动。

晚年的惠子回到了宋国,与庄子成为了辩友,也是挚友,惠子死后,庄子十分伤心,对人说:"自夫子之死也,吾无以为质矣,吾无与言之矣!"抛去庄子的光环,历史呈现给我们一个个性鲜明的惠子。他也许没有庄子的逍遥和豁达,但一定不是庄子的手下败将,惠子之于庄子,未必是输。

墨子的草根情结

历史是属于成功者的,然而成功者永远都只是少数人,碾压在历史车轮下的绝大多数人是苦不堪言的平民百姓。元代张养浩在一首《潼关怀古》里感叹道:"兴,百姓苦;亡,百姓苦。"这一声叹息有千钧之力,道出了几千年来贫苦大众在历史中的悲惨命运。中国自古以来仁人志士无数,豪言壮语无数,然而真正为贫苦百姓计者寥寥无几。而墨子恰是无数人中真正关心平民命运的少数人。

墨子名翟,是战国时期墨家学派的创始人。战火纷飞的年代,墨子不畏艰险,游历于各国之间,宣扬墨家思想。战国时代,诸子百家争鸣,在众多优秀的学说面前,墨家何以与儒家一起成为"显学"呢?原因就在于,墨家学说代表了万千贫苦百姓的利益。

人们都知道墨子"兼爱""非攻"的主张,但也许很多人认为这只是一种统治策略。必须承认，它确实可以作为一种政治手段，但在墨子，这远不止是手段，它是一个平民出身的哲人的社会理想。

一个人的出身和成长经历对他的人生选择往往有不可忽视的影响。墨子祖上虽为宗族，但是到了他这一代，墨氏子孙早已成为躬耕田亩的平民百姓。墨子本人就是一个善造器械的工匠，年少的墨子放过牧，做过木工，尝尽了下层百姓的艰辛。老子、孔子的出身并不高贵，但至少不是寻常百姓。而墨子却实实在在出生在贫苦农民之家，他目睹了劳苦大众凄惨的生活，深知平民的所思所想。他了解平民，更以平民自居，他毫不顾忌地自称"鄙人"，有人称他为"布衣之士"，他也欣然接受。他是站在高处的哲人，但不是普通百姓遥不可及的圣人，而是天下无数平民中的一员。

同样出身贫苦，许多人一朝飞黄腾达便全然忘记下层社会的苦痛，甚至极力避免提到自己的身世。可贵的是，墨子从来没有产生过脱离下层，进入上层社会的想法。恰恰相反，他一生致力于解救困境中的下层民众。

滚滚黄河和巍巍黛眉山限制了墨子的视野，墨子深知，要想为千千万万平民谋福，必须走出高山大河，广学知识于天下。数年后，游遍中华大地的墨子回到了故乡，开始了黛眉山上多年的隐修生活。这期间，墨子遍览各国文献典籍，熟读各家兵法，苦练剑术和格斗。

墨子将自己看作天下贫苦小生产者的代表，他的言行无不流露出深深的平民情结。墨子的生活从来俭朴,一身短衣草鞋,与农民无异。据记载,墨子及其弟子几百人都"手足胼胝,面目黧黑,役身给使,不敢问欲",状如苦行僧。墨家子弟生活清苦,并非因为他们没有丰衣足食的条件。越王曾经以五百里土地为赏赐请墨子到越国为官,被墨子拒绝。

当然,墨子的平民情结更主要地体现在他的思想主张上。兼爱、非攻的主张我们早已耳熟能详,但有多少人悉心体悟过这些口号之下的一颗赤诚之心呢?"爱民如子"之说其实早就为历代有识之士所提倡,但那只是为巩固统治所做的打算,真正目的并不在于利民。而墨子的兼爱思想却独独以百姓的利益为根本。儒家主张"亲亲有术,尊贤有等"的博爱,包含了一种区别对待的思想;而墨子的兼爱倡导的是不分等级远近、亲疏高下地爱天下所有人,"爱人若爱其身"。墨子执着于兼爱思想,甚至认为,现实社会之所以会有恃强凌弱之事发生,正是因为人们互不相爱。生活在战火纷飞的战国时期,墨子目睹了战争给百姓带来的深重灾难,在兼爱思想的影响下,他很自然地提出了"非攻"的主张。

墨子思想的重要内容还包括"尚同尚贤""节葬节用"。"尚同尚贤"要求天子与百姓上下一心,共同归于天志,实行义政。天子应为国中贤者,而且能够不拘出身,任用贤能之人为官吏,"官无常贵,民无常贱"。上层统治者的生活向来铺张奢侈,其挥霍的资本却是劳苦大众的税赋,对此,墨子十分强调节用节葬。他极力抨击王侯将相之家的奢侈浪费,他认为君主、贵族应效仿古时的三代圣王,保持俭朴清廉的生活。墨子不仅要求平等的生存条件,也要求平等的死亡待遇。他反对儒家的久丧厚葬之礼,提出"衣三领""棺三寸""生者毋久丧用哀"的丧葬之法。

墨子的主张里有一条十分特别,即"非乐",反对音乐等一切艺术。之所以有这样奇怪的想法,是因为墨子认为艺术虽好,但是会使人沉溺其中,百姓耽之则影响耕种纺织,君臣耽之则妨碍处理政务,既不合圣王行事原则,也不合人民的利益。这个主张可以说将墨子骨子里的平民性格暴露无遗。

古代百姓长期处于无力反抗的卑下地位,对美好生活的渴望总是寄托于鬼神,墨子作为一个平民同样有着这种天真朴素的信念。他在主张理性的同时坚信鬼神的存在,因有人"尝见鬼神之物,闻鬼神之声"而得出"鬼神之有"的结论。在墨子的观念中,鬼神能够辨别善恶,具有赏善罚暴的威慑作用。

墨子一生都在宣扬他的平民理想,然而他的政治主张太过乌托邦,没有哪一个追求霸主地位的诸侯国给他提供施行这些主张的空间,墨子的理想以悲壮的失败而告终。然而,失败不是可耻,在众人皆争夺利益的时代,有这样一个不求私利,唯求为天下之人谋利的墨子,多少使一个刀光剑影、横尸遍野的时代有了一点暖意。墨子心系天下最苦之人,虽败犹荣。

侠之大者，义行天下

中国有一种精神叫作"侠"，侠者，以己之力锄强扶弱也。通常，在人们的印象里，侠总是身背一剑飘荡于江湖，以高超的武艺救人于危难之中而不图名利。侠的出现意味着希望的到来。乱世之中，往往有侠，墨子便是战国时期的一位大侠。

如金庸在《神雕侠侣》中所说，"行侠仗义、济人困厄固然乃是本分，但这只是侠之小者……为国为民，侠之大者……"而墨子一生所为乃是天下所有劳苦百姓，"大侠"二字他当之无愧。综观墨家思想，无论是兼爱非攻、尚同尚贤，还是节用节葬、天志明鬼，最终指向都是平民百姓的切身利益。

行侠之人最看重的莫过于一个"义"字，对于"义"不同人有不同解释，在墨子那里，义乃天下万民之大利，为天下百姓谋利就是义。《贵义》篇一开始，墨子就指出"万事莫贵于义"，他的一生就是游侠行义的一生。

《史记·游侠列传》中说:"今游侠,其行虽不轨于正义,然其言必行,其行必果,己诺必诚,不爱其躯,赴士之厄困。"《史记集解》中说:"荀悦曰,立气齐,作威福,结私交,以立强于世者,谓之游侠。"

墨子行侠,依靠的不是神奇的武功,而是巧妙的智慧。墨子反对不义之战,向来主张以防守为主,止楚攻宋之事深刻反映了墨子的侠义风范。

宋国是战国时期的一个弱国,北有晋,南临楚,夹在两国之间的宋国常常面临战事的威胁,生产不断遭到破坏。楚惠王时,公输班为楚国制造了攻打宋国的云梯,此时,墨子身在齐国,听闻此消息便立刻赶去解救宋国。从齐到楚,路途遥远,墨子用了十天十夜才到达楚国都城郢,以至于磨破了鞋、磨烂了脚。墨子刚到郢便不顾舟车劳顿,径直找到公输班,劝说他放弃攻打宋国。

在公输班处,墨子说道:"吾从北方闻子为梯,将以攻宋。宋何罪之有?荆国有余于地,而不足于民。杀所不足而争所有余,不可谓智;宋无罪而攻之,不可谓仁;知而不争,不可谓忠;争而不得,不可谓强。义不杀少而杀众,不可谓知类。"一番精彩的辩论使得公输班无言以对,只有暗自叹服。然而,当时楚王已经在做攻宋的准备了,要想阻止攻城只能说服楚王。在公输班的引荐下,墨子见到了楚王。墨子指出强楚攻打弱宋犹如"舍其文轩,邻有敝舆,而欲窃之;舍其锦绣,邻有短褐,而欲窃之;舍其粱肉,邻有糠糟,而欲窃之",形象地揭示了楚攻宋的毫无意义。

公输班和楚王虽然觉得墨子的话很有道理,但仍坚持攻宋。墨子明白,只凭空言阻止不了楚国,只有让楚王明白这场战争楚国无胜算,才能彻底打消楚王的计划。当着楚王的面,墨子和公输班展开了一场攻防的演习,"公输班九设攻城之机变,墨子九距(拒)之",公输班的进攻器械已用尽,墨子的防守器械还绰绰有余。为让楚王彻底死心,墨子亮出了撒手锏,告知楚王墨家弟子禽滑厘等三百人早已准备好守城之器等待楚军,楚军此行必无胜算。事实面前,楚王攻打宋国的计划只好作罢。

除此之外,墨子还先后全力劝阻过鲁阳文君对郑国的攻伐和齐国对鲁国的攻打,他以无畏的勇气,凭借自己的智慧和技术使无数平民百姓免于战争的戕害。

墨子周游列国,为实现心目中的"义"四处奔走,然而他提倡的"义"在当时其实只能是美好的空想,根本不符合各国称霸的要求,天下更看重的是利而非义。因此,墨子推行义的活动很多时候是受挫的。《贵义》篇记载过这样一件事,一次墨子在由鲁国到齐国的途中遇到了一位旧友,墨子的满面尘土和枯槁的形容让这位朋友十分伤感,他说天下已经没有几个讲义之人了,劝墨子就此停止这种操劳的行义活动。墨子却说:"今有人于此,有子十人,一人耕而九人处,则耕者不可以不益急矣。何故?则食之众而耕者寡也。今天下莫为义,则子如劝我者也,何故止我?"这种"明知山有虎,偏向虎山行"的反叛精神正是墨子侠之精神的体现。

在墨子心中，义是比自己的性命更重要的东西。他认为人可以因为一言之争而杀身，因为这种争论是为了捍卫"义"，为义而死是伟大的。墨子重义轻利，这种品格也颇有侠者之风。在墨子看来，就算量腹而食、度身而衣也绝不可以义换利。墨子有一弟子叫高石子，是卫国卿大夫，享受着卫国君主赐予的丰厚利禄，然而因为卫国君主始终不采纳高石子的主张，高石子毅然抛弃卫国的高官厚禄，到了齐国为官。墨子得知自己的弟子能够做到"背禄向义"，十分赞赏，并告诉他，只要合乎道义，就算被人诟骂也无所谓。

墨子是侠，但不是独行之侠。墨子心怀"兴天下之利，除万民之害"的崇高理想，为了这个理想，他几乎常年在外游说。几年的奔走呼喊使他深深感受到一己之力的渺小，所以在三十岁之前，墨子就开始广受弟子，培养为墨家之义而献身的志士。在墨子的教导下，墨家弟子以自苦为乐，以救世为己任，成为"赴汤蹈火，死不旋踵"的墨侠。

墨家在墨子之后逐渐衰落，墨家学说几乎无人问津。然而时隔千年，如今，当我们拂去历史的尘埃，再次走进墨子的世界时，我们仍能感受到一个侠骨铮铮的墨子。

白马到底是不是马

相传一天,一位善辩的赵国人骑着白马准备入关,但在城门口却被关吏拦下。原来,这一时期,赵国一带的马得了一种很厉害的瘟疫,很多战马都因为感染这种瘟疫而死了。为了防止这种瘟疫传入秦国,对秦国的战马造成影响,秦国在函谷关口贴出告示:凡赵国的马一律不准入关。这对当时坐在马背上的赵国人来说实在是很不人性化的一个规定,当时的马就相当于我们现在的车,离了它行动可不是很方便。所以如果人入关,把马留下,这位能言善辩的赵国人当然不能接受。于是他与关吏之间就有了关于白马到底是不是马的辩论。善辩的赵国人指着胯下的坐骑对关吏说:"白马不是马,你应该让我入关。"关吏说:"白马是马,而且无论白马黑马,只要是赵国的马就一律不准入关。"赵国人"据理力争":"'白'是就颜色来讲的;'马'是就名字来讲的,而颜色和名字本来就是不同的概念。如果一个人要马,那么给他黄马、黑马都是可以的。但是如果一个人要白马,那么给他黄马和黑马就显然不行了。这就证明了'马'和'白马'是两个不同的概念。所以,白马非马。"听到这里,关吏已经蒙了,他被这位赵国人的一番诡辩弄得晕头转向,手足无措,不知如何作答,最后只好让他连同他的马一起入了关。

这个能言善辩的赵国人就是战国时著名的哲学家——公孙龙。

公孙龙,字子秉,相传为战国时期赵国人,为名家学派的代表人物。名家是战国时诸子百家之一,它注重对"名"和"实"之间关系的研究,是以正名辨义为主的一个思想流派。名家强调名称和事实之间的相符,"以非为是,以是为非"。我们都听过"三教九流"这个词。名家就被《汉书》列为"九流"之一。而名家的这位代表人物公孙龙为人非常能言善辩,除了提出"白马非马"的命题之外,还有许多对后世影响非常深的诡辩,例如"鸡三足""狗非犬""坚白石"等至今仍非常具有争议性的命题。公孙龙的辩论只强调概念的逻辑分析而且经常故意混淆一些概念,他的论证具有明显的唯心主义特点,常常被人称为"诡辩"。而且因为他的论证经常挑战人们的常识,且与现实不符,所以常常为人所不能接受。但在逻辑学和概念分析上,他的贡献却值得重视。

其实在关于"白马非马"的论证里,他首先分析了马与白马这两个词在概念上的差别:在"白马"这个词里,既有包含描绘颜色的"白"又有描述形态的"马";具有马的形态的动物都可以成为马，但是只有白色的马才能成为白马。"马"这个词包含了所有的马，所以黄马、黑马也是马。而白马，则特指白颜色的马，黄马和黑马是不能包含在内的。他据此提出了"马"与"白马"是两个不同概念的论证。然后就是论证个别与一般的差别："白马"的"白"描述的是一切白色物体的共性，与马无关。而"白马"的"马"描述的则是一切马的共性，与白无关。所以"白马"就是白色的共性和马的共性的叠加，所以，白马不是马。

这种论证，其实是非常站不住脚的，马和白马这两个概念固然有差别，但这只是个体与总体概念之间的差别，而且个体是包含在总体之内的。所以他的诡辩其实是夸大了个体与总体间的差别，而且故意将两者完全割裂开来，作为单独的两个部分来看待。

除了"白马非马"的论辩以外，他还有许多辩论也是割裂了物体本身特征之间的一些联系之后所做的论证。他的整套理论都建立在一种关于共相独立存在的唯心主义哲学之上，例如他的另一个著名论证——"坚白石"就认为一块白石头的白色和它的坚硬是可以独立存在的。

在这个论证里，他首先从对坚白石的感觉入手开始分析：他认为，当我们用眼睛去看坚白石的时候，就只能感知它的白色而不能感知它的坚硬；当我们用手去摸坚白石时，就只能感知它的坚硬而不能感知它的白色。由此他得出结论：坚白石的白色和它的坚硬是可以割裂开单独存在的。他又说，白色是靠眼睛和光才能感知到的，但是光没有看物体的能力，所以光和眼睛合在一起也不能看到物体,由此只能是意识看到的,但是意识本身也不能看见物体,所以视觉和白色也是单独存在的。

这段论证漏洞百出。首先,当我们看坚白石的时候,虽然感知不到它的坚硬,但是它坚硬的这种性质还是存在的,并不因我们无法感知而消失。同理,当我们抚摸坚白石的时候,虽然感知不到它的白色,但是它白色的这种性质也还是存在的。所以白色和坚硬性单独存在就明显地不能成立。而后面,关于视觉和白色单独存在的论证中有些方面显然是不成立的。例如,白色是靠眼睛和光看到的,但是光没有看物体的能力,由此他就得出了光和眼睛合在一起也不能看到物体的结论。这种论证非常不严密,所以他所得出的结论也就不能使人信服。

公孙龙的论辩将个别与一般以及物体的一些共相以分离的观点予以绝对化,而忽视它们之间固有的一些联系,这是非常不符合现实规律的。他的论断本身确实存在很大的问题,但是他的论断方法却是反传统的,他开辟了一个全新的逻辑领域,提出了一种前所未有的思维方式,从这一点上来说,他的一些论证还是非常值得肯定的。但是后来,他用与"白马非马"同样的原理所提出的"鸡三足""火不热""狗非犬"等命题的荒谬和离谱让世人觉得他已经完全陷入"诡辩"的深渊之中不能自拔。